Vywamus / Jana Chlair

Wie geht Leben

Vywamus / Jana Chlair

Wie geht Leben

ch.falk-verlag

Originalausgabe

Covergestaltung: Dirk Grässle
Satz und Druck: Stückle Druck & Verlag, Ettenheim

Printed in Germany
ISBN 978-3-89568-315-2

Inhaltsverzeichnis

Bring das Licht auf die Erde

Ihr seid die, auf die ihr so lange gewartet habt.

Geh in dein Herz und fühle. Fühle die Worte, die ich dir sage, und schreibe sie auf. Für dich, für den Leser und für viele Menschen, die dieses Buch irgendwann in Händen halten werden und nur einen kleinen Teil davon lesen. Genau den Teil, der für diesen Menschen zu diesem Zeitpunkt richtig ist, um wachsen zu können. Um den Weg gehen zu können, der ihm bestimmt ist. Du bist Weisheit, ihr alle seid Weisheit. In Weisheit gehüllte Menschen, die die Augen verschließen und die Weisheit um sich herum nicht wahrnehmen können. Genauso seid ihr in Liebe gehüllt und nehmt die Liebe nicht wahr, die immer um euch ist. Viel zu oft entscheidet ihr euch, den Hass, den Neid, die Eifersucht, die Angst, die Wut und all das zu leben, das ihr alle so gut kennt und das alles das Gegenteil von Liebe ist. Ihr könnt in jedem Moment wählen, die Liebe zu leben oder das Gegenteil von Liebe. Und mit eurem Leben kreiert ihr eure weiteren Momente, in denen ihr immer wieder entscheiden könnt, die Liebe zu leben oder eben das Gegenteil, und ihr werdet im nächsten Moment wieder den von euch kreierten Moment leben und ihr habt wie immer in jedem Augenblick die Wahl zwischen Liebe oder NichtLiebe, die ihr leben könnt. Und mit eurer Entscheidung, die Liebe oder die NichtLiebe zu leben, kreiert ihr die weiteren Augenblicke eures Lebens. Seht ihr, dass ihr selber, in jedem Augenblick eures Lebens, die Schöpfer eures Lebens seid? Du, ja genau du, der du das liest, bist der Schöpfer deines Lebens. Du selber kreierst dein Leben durch dein Leben. Und es geschieht immer im Jetzt. Genau in diesem Augenblick bekommst du deine selbst kreierte Form des Lebens zu leben und genau du entscheidest in diesem Augenblick, Liebe oder NichtLiebe zu leben. Da das für euch Menschen nicht so einfach scheint, wie es eigentlich ist, schreiben wir dieses Buch.

Wie geht Leben? Leben geschieht in jedem Augenblick. Du kannst in jedem Augenblick dein Leben verändern.

Leben begann vor vielen Jahren hier auf diesem Planeten und vor noch viel mehr Jahren in diesem Universum und noch viele Jahre davor auf anderen Ebenen.

Vorstellung

Jana Chlair

Vywamus kam auf mich zu, er nahm mit mir Kontakt auf, indem er mich bat aufzuschreiben, was er sagen möchte. Er kommuniziert mit mir im Auftrag des Lichtes und möchte uns unterstützen im Aufstieg des Wandels. Der erste Kontakt fand 2014 statt und ich schrieb einige Botschaften auf, die er mir gab. Dann kam eine Zeit, in der ich abgelenkt war und nicht mehr mit ihm schrieb. Nun rüttelte er mich wieder wach und es entstand dieses Buch, als Mischung aus den Botschaften von 2014 und 2015 und jetzt 2019 und 2020. Die Botschaften waren damals die gleichen wie heute, was Leben betrifft. Vywamus möchte uns darauf aufmerksam machen, uns im Leben auf Liebe zu konzentrieren und nicht ablenken zu lassen von den Geschehnissen im Außen. Er gibt Einblicke in das aktuelle Geschehen und fordert uns auf, in uns zu wachsen und Liebe fließen zu lassen. Wenn Vywamus von du spricht, meint er nicht nur mich, sondern jeden Leser, der dies liest.

Es ist mein Weg, den ich hier vor euch ausbreite und der für alle gangbare Schritte und Weisheiten bereithält. Ich freue mich, unterstützend dabei sein zu dürfen, den Wandel aktiv mitzugestalten, und wünsche euch viel Freude beim Lesen und Umsetzen von Frieden und Liebe in eurem Leben.

Kontakt: janachlair@gmx.at

Vywamus

Ich bin Vywamus, ich bin gekommen, um der Menschheit zu dienen; im Auftrag des großen Ganzen euch zu führen durch die schwere Zeit jedes Einzelnen von euch. Möget ihr mit ganzem Herzen und in der Liebe all das erdulden, was auf euch zukommt und ohne Bewertung ertragen. Es wird große Zerstörungen geben für jeden Einzelnen in allen Bereichen. Es passiert, um aufzuwachen. Um zu verstehen, was das große Ganze bedeutet. Je mehr ihr versteht, desto weniger wird euch das Geschehen im Außen betreffen.

Jana Chlair ist auserwählt durch mich, die Botschaften in die Welt zu tragen. Nun ist es an der Zeit, aufzuwachen und zu tun, was getan werden muss. Jana Chlair, wir bitten dich, deinen Beitrag zu leisten, wozu du vor Jahren „Ja“ gesagt hast. Es bedeutet für dich eine große Herausforderung und Disziplin, mit mir gemeinsam zu arbeiten und zuzuhören. Lass es einfach geschehen. Deine Kämpfe musst du nicht mehr austragen, wenn du nicht möchtest. Du kannst dich jederzeit für die Liebe entscheiden. Ja, du bleibst hier. Die Veränderungen betreffen jeden Einzelnen von euch und auch global das ganze Geschehen. Ihr werdet ein komplett anderes Leben führen, als ihr es bisher gewohnt wart. Ihr werdet in die erste lichtvolle Welt erhoben. Es ist ein Fest, ein Ereignis, an dem ihr, ja, alle Erdenmenschen hier, beteiligt seid. Ein Jubel, ein lichtvolles Sein.

Ich bin ein Botschafter der lichten Welt. Ich bin Vywamus und werde durch dich die Welt darauf vorbereiten, den Wandel zu begehen. Den Wandel in diese lichtvolle Welt, in diese Sphären des Glücks, der Freude, des Wohlstandes. Ja, es ist alles geführt hier auf der Erde. Ihr macht die Erfahrungen, die es für euer Weiterkommen bedarf. Es fehlen die Worte, um zu beschreiben, was auf euch zukommt und was geschehen wird. Natürlich wird es Not und Leid geben, aber nur wenn ihr Not und Leid leben wollt. Ihr könnt euch immer für die Liebe entscheiden. Die Liebe wohnt in euch. Sie ist mit euch. In eurem Sein. Überall und immer und auch im NichtSein.

Mir liegt viel daran, Klarheit in eure verwobenen Geschichten eures Lebens zu bringen. Euch den Weg aus dem Leid zu zeigen und auch, warum ihr darin steckt. Du weißt viel und nun ist die Zeit gekommen, das Wissen nach außen zu tragen. Viele Menschen bekommen Botschaften aus den lichten Welten. Vieles widerspricht sich, vieles ist gleich. Wir sind bemüht, euch in klaren Worten auf euer neues Sein vorzubereiten, doch da eure Sprache für vieles keine Worte hat, kommen verschiedene Deutungen zustande.

Frieden leben

Gerne möchte ich mich noch einmal vorstellen, damit ihr ein Bild von mir bekommt. Ich bin Vywamus. Ich habe mir einen Körper erschaffen aus Licht. Diesen dürft ihr euch so ähnlich vorstellen wie eure Körper. Ich habe keinen Emotionalkörper und auch keinen Mentalkörper. Daher ist es mir möglich, Egofrei zu leben. Egofrei in eurem Sinne, ohne Leiden und ohne Ängste. In mir und aus mir strahlt nur Liebe. Diese Liebe bringe ich auf die Erde. Diesen Strahl der Liebe, der euch unterstützt zu wachsen. Zu wachsen in eure Wachheit, eure Weisheit, eure Wahrheit. Dieser Strahl der Liebe lässt euch erwachen in eure ganze Größe und Kraft. Ich unterstütze jeden Einzelnen von euch, der möchte, in dem Ausmaß, wie ihr es braucht und zulassen könnt. Meine Energie unterstützt euch dabei, vom Verstandesdenken ins fühlende Denken zu kommen. Fühle meine Worte und ich bin da.

In Liebe verbunden, durch Äonen von Zeiten, sind wir nun hier, um dieses Buch zu schreiben. Es ist an der Zeit, dass jeder einzelne Mensch hier auf dieser Erde erfährt, was er tun kann, damit Frieden sich hier ausbreiten und Frieden überall auf dieser Erde herrschen kann. Es ist nun, in dieser Zeit, vor allem sehr wichtig, Frieden zu senden. Es gibt so viel Leid, Hass, Neid, Macht auf dieser Erde. Und diese NichtLiebe nimmt überhand, wenn nicht jeder Einzelne von uns Frieden verbreitet. Jeder von euch ist gefragt und aufgerufen, sein Leben auf Frieden einzustellen. Lasst los von euren Streitereien, von diesem Festhalten an Kleinigkeiten. Lasst los, den anderen für euer Leben verantwortlich zu machen. Lasst los, zu glauben dass Materielles wichtig ist. Lebt euer Leben so, wie es euch glücklich macht und Spaß macht.

Wie schafft ihr es, Frieden in eurem Leben umzusetzen? Glücklich zu sein? Ihr werdet sagen, wie kann ich nur immer Spaß leben? Das Leben ist ernst. Viele schreckliche Dinge passieren jeden Tag. Ja, diese schrecklichen Dinge passieren jeden Tag. Warum passieren diese Dinge? Weil zu wenig Frieden hier gelebt wird.

Es beginnt mit den kleinen Dingen, die sich in euren Alltag einschleichen, wie Unzufriedenheit, grantig sein, Wut, Ärger, Hass. In euren Beziehungen, in eurer Arbeit, unter Freunden. Wo immer ihr mit anderen Menschen zu tun habt, entsteht diese Unzufriedenheit. Diesen Unfrieden in Frieden zu verwandeln, wie kann das gehen? Atme tief durch und spüre den Frieden in dir. Spüre, wie sich der Frieden in dir ausbreitet und du nur noch Frieden in dir fühlst. Jeder Ärger, jeder Hass weicht diesem Frieden in dir. Dieser Frieden ist stärker als alles andere in dir. Du bist dieser Frieden.

Du kannst immer dieser Frieden sein. Mit jedem Atemzug atmest du den Frieden ein und beim Ausatmen umgibst du dich mit diesem Frieden. Du atmest diesen Frieden und lässt ihn sich in deiner Wohnung, in deinem Haus ausbreiten. Alles, was dich umgibt, ist Frieden. Ein Lächeln breitet sich auf deinem Gesicht aus und du weißt, du bist richtig. Und egal welche Situation auf dich zukommt, welche Emotion dich erreichen möchte, du bist Frieden und wandelst diesen Nichtfrieden in Frieden durch deinen Atem.

Warum ist hier auf der Erde alles auf Krieg konzentriert? werdet ihr mich fragen. Und ich sage euch, es ist noch nicht zu spät, Frieden zu säen in alle Ecken dieser Welt. Frieden zu leben in euren zwischenmenschlichen Beziehungen. Frieden zu sein in eurem eigenen Leben. Damit sich dieser Frieden ausbreiten kann und den Unfrieden vertreibt, wie in eurem Fühlen so auch auf der Erde. Auch auf der Erde wird dieser Frieden stärker sein als der Krieg. Ohne Kampf wird er weichen. Das Dunkel weicht immer dem Licht. So ist es.

Ich bin sehr stolz auf euch, dass ihr mitwirken möchtet, den Frieden auf eurer schönen Erde zu manifestieren.

Beziehung leben

Nun kommen wir zu den Fragen, die euch alle beschäftigen und die ihr alle stellen würdet, wie etwa die zu euren Beziehungen. Warum ist Beziehung-leben so schwer für euch? Es ist ganz einfach der Grund, ihr seid zwei, eine Person mehr als du selbst. Und da ihr euch mit einem Mentalkörper und einem Emotionalkörper herumschlagen müsst, gibt es Beziehung nur als Egobeziehung. Jeder will, jeder erwartet, jeder wird enttäuscht. Es gibt keine Beziehung auf eurer Ebene, die nur in Liebe gelebt werden kann, außer beide Teile leben ohne ihre Egokörper. Da das bei den meisten Menschen noch nicht der Fall ist, gibt es in jeder Beziehung Probleme der verschiedensten Art und Weise. Also ist es am vernünftigsten, den Wunsch, eine harmonische, intakte Beziehung führen zu können, ohne Streit und Unfrieden beiseite zu legen und voll und ganz zu akzeptieren, dass Beziehungen nicht von sich aus harmonisch sind. Und das liegt auch nicht am Partner. Wie bringt ihr nun diese Beziehung in Harmonie? Durch atmen, Frieden atmen und Frieden verteilen. Liebe atmen und Liebe verteilen. Eure Liebe ist schmerzhaft, da diese an Bedingungen geknüpft ist. Eure Liebe ist nicht frei, sie lässt den Partner nicht frei, eure Liebe will kontrollieren, will die Oberhand behalten, will nicht enttäuscht werden.

Nun lerne die reine Liebe kennen. Atme und fühle dich in deinem Herzen. Fühle, wie ruhig es wird in deinem Herzen, wenn du die Aufmerksamkeit von deinen Gedanken in dein Herz lenkst. Fühle, wie friedlich es wird um dich herum. Keine Gedanken mehr, all deine Aufmerksamkeit ist in deinem Herzen und du beginnst, Liebe zu fühlen. Fühle dich in dieser Liebe, die du bist. Aus dieser Liebe heraus Beziehung gelebt, entsteht eine Harmonie. Diese Liebe in dir, die einfach ist. Diese Liebe lässt den Partner frei. Du bist die Liebe selbst und du brauchst nichts zu tun. Nichts festzuhalten, nichts kritisieren, alles, was ist, ist in Ordnung, in Harmonie, in Frieden.

Sei eins mit deinem Partner. Sei in Liebe mit deinem Partner. Achte und respektiere seine Wünsche und Bedürfnisse. Behandle deinen Partner so, wie du selber behandelt werden möchtest. Diese Muster, die ihr lebt, wiederholen sich, weil ihr glaubt, zwei zu sein. Ihr seid eins. Und wenn ihr wisst, dass ihr eins seid, greifen eure Muster nicht. Wenn ihr in die Getrenntheit geht, lebt ihr eure Muster. Du bist niemals getrennt von einem anderen Wesen. Du bist die Anderen. Du bist alles was ist. Kein Sein ist getrennt. Ihr seid eins. Du bist der Andere. Liebe alles, was ist, und jeder wird dich so behandeln, wie du behandelt werden möchtest.

Du bist Liebe und du strahlst Liebe aus. Lass dich nicht einschüchtern von großen Sprüchen und Wichtigtuern. Sei du selbst und sag, wer du bist. Du bist großartig. Du bist wundervoll. Du bist. Sei, was du bist. Du bist Liebe. Sei Liebe. Du musst dir nichts gefallen lassen. Du musst nicht funktionieren oder tun, was jemand anderes sagt. Es muss dich auch niemand lieben. Es darf dich auch jeder vergessen. Es ist nur ein Spiel. Es ist nicht wichtig. Wichtig ist, dass du du selber bist. Dass du Liebe bist und Liebe ausstrahlst. Lass den anderen reden, was er will. Nimm es dir nicht zu Herzen. Lenke das Gespräch in eine andere Richtung. Oder sieh ein, dass es immer wieder an diesen Punkt kommt. Was hat sich geändert? Nichts hat sich geändert. Geh deinen Weg. Ins Licht. Sieh dich nicht um. Geh nach vorn. Fließe mit dem Leben. Du musst es keinem recht machen. Du musst nach keiner Pfeife tanzen. Lebe so, wie es dir Spaß macht. Lebe deine Freude. Wir lieben dich.

Nicht du bist es, die keine Beziehung leben kann. Diese Ebene ermöglicht es nicht, Beziehung zu leben, so wie du es gerne möchtest. Es ist nicht möglich. Es sind alles nur Versuche eurerseits, im Außen zu verändern, und diese Versuche sind allesamt zum Scheitern verurteilt. Es gibt nur Wachstum in euch selber. Euer Wachsen ermöglicht es, mehr Harmonie in eure Beziehungen zu bringen. Erst nach dem Wechsel der Ebene, wenn ihr in euch Liebe seid, ist es möglich, harmonischere Beziehungen zu führen. Sobald ihr besitzen, bestimmen, erhalten, geliebt werden möchtet, ist die Beziehung in Dualität gelebt. Eure Beziehungen sind allesamt dual. Ihr könnt es versuchen, ihr werdet es nicht schaffen, Harmonie ist nicht möglich. Wachst allesamt, gemeinsam. Wachst an euren Beziehungen und geht in die Liebe. Steigt aus der Dualität heraus und Beziehung wird möglich. Es sind dann keine Beziehungen mehr, sondern Gemeinschaften. Gemeinschaft miteinander. Ein Leben in Liebe und Harmonie. Wir lassen es dich fühlen, du fühlst, wie es sich anfühlt, eine Gemeinschaft zu leben, und wie es sich anfühlt eine Beziehung zu leben.

Schließe deine Augen und atme, atme tief und lass die Liebe fließen, atme ein und atme aus und fühle die Gemeinschaft, in Liebe gelebt, und fühle das Freisein und die Weite und die Leichtigkeit. Nun atme und fühle Beziehung gelebt, und wenn es sich nicht gut anfühlt, wenn es sich eng und schwer anfühlt, dann atme tief und lass die Liebe fließen und fühle wieder die Gemeinschaft, gelebt in Liebe, und nimm wahr, die Freude und die Leichtigkeit.

Wenn du die Liebe für den anderen nicht in deinem Herzen trägst, ist wahre Verbundenheit zu fühlen nicht möglich.

Die Dinge, die im Außen passieren und auf dich zukommen, sind deine Ansichten vom Leben. Dein Wahrnehmen und das, was du nach außen trägst. Erschaffungen aus deiner Liebe und aus deiner NichtLiebe. Wer bist du? Wer ist der getrennte Teil von dir? Wer verletzt dich? Doch immer nur du selber. Du bist Liebe, du bist NichtLiebe. Deine Entscheidung, den Weg der Liebe zu gehen und zu leben, verändert. Achte dich in allem, was du tust. Achte dich und liebe dich und die Veränderung tritt ein. Sei weit und offen für das Leben selbst. Sei deine Essenz, die Liebe ist. Und Streitereien werden keinen Zugang mehr haben zu dir.

Es liegt so viel Sinn in deinem Leben verborgen für dich. Plane und lebe dein Leben nicht nach deinen Gedanken, sondern nach deinem Herzen. Fühle, was richtig ist für dich, und du erkennst den Sinn hinter den Dingen. Sinn ist die Erlösung aus der Sinnlosigkeit eures Seins. Die Erlösung aus der Dualität. Folge diesem Sinn deines Lebens und begebe dich nicht wieder in eine Situation der Dualität. Bleibe frei und weit und klar in deinem Denken, in deinem Sein. Du bist ein wundervolles Wesen, wir lieben dich.

Familie ist etwas sehr Schönes. Ihr liebt die Familie und das ist gut so. Ihr habt Angst, dass euren Familienmitgliedern etwas zustößt, und das ist nicht gut. Lasst die Angst los. Lasst los all die Ängste um euer Leben und die Angst um die Liebsten um euch herum. Ihr braucht keine Angst zu haben. Liebt im Vertrauen. Alles ist gut. Lasst die Sorge um eure Jüngsten los. Sorgt euch nicht. Behütet liebevoll und gebt Wärme. Das ist es, was eure Kinder brauchen. Liebe und Geborgenheit. Mehr ist nicht nötig. Lehrt eure Kinder, auf ihr Herz zu hören. Lehrt sie all die notwendigen Dinge, um überleben zu können, um gut in der Schule zu sein, aber lehrt sie auch, sich selbst zu spüren. Auf sich selbst zu hören. Nehmt sie an der Hand, aber lasst sie selber den Weg aussuchen. Seid ihnen ein Licht, das vorausgeht und ihnen den gewählten Weg erhellt. Wir lieben euch.

Sein leben

Es begann vor Äonen von Zeiten, Leben. So wie ihr es kennt. Ein ewiger Kreislauf von hier und dort und von Zeit, die nicht ist. Leben vergeht. Sein bleibt. Ihr werdet immer sein. Leben begann, erst klein, dann immer größer. Immer mehr Abstufungen davon und immer mehr machten mit. Und so ist es nun an der Zeit, das große Spiel zu beenden. Leben geht. Sein bleibt. Wir werden versuchen, euch alle so gut wie möglich darauf vorzubereiten. Wir sind um jeden hilfreichen Helfer dankbar, der uns dabei unterstützt und auch seinen Beitrag leistet. Es ist gut, wenn ihr Menschen euch in Liebe lebt und den tiefen Frieden in euch findet. Damit ist schon viel getan. Und wer möchte, kann mitwirken anderen Menschen zu helfen. Aber es ist für jeden die Entscheidung offen, nur sich selbst ins Lieben zu bringen oder auch andere. Und es ist ausreichend, nur mit sich selber zu arbeiten. Und es ist sehr hilfreich für alle. Sich selber ins Lieben, in den Frieden mit sich zu bringen. Tief atmen und zulassen, dass die Liebe fließt, das ist alles, was zu tun ist. Dass ist es, womit ihr euren Beitrag für die Ganzheit leistet. Für das Verständnis, dass hier mehr ist, als nur das Leben außerhalb von euch. Es gibt noch Leben in euch und dieses Leben wird nie vergehen. Es wird immer bestehen. Es ist ein Leben in Frieden, in Liebe. Ohne all den Schmerz und das Leid, dass ihr so gut kennt.

Atmet, atmet tief und langsam und lasst die Liebe in euch geschehen. Lasst geschehen, dass es in euch friedlich wird, und lasst geschehen das Lächeln in euch. Lasst die Liebe fließen und atmet. Wenn ihr dieses Lächeln auf euren Lippen spürt, dann seid ihr richtig. Dann geschieht Heilung. Und wenn du merkst, hier kommt eine dunkle Wolke, hier ist der Teil, der in dir ist und erlöst werden möchte, dann hülle diesen Teil ein in diese Liebe, die du bist. In diesen Frieden. Damit nimmst du den Teil an und erlöst ihn. Du erlöst diese dunkle Wolke in dir. Du hüllst diese mit deinem Licht ein,

bis du nur mehr Frieden und Liebe fühlst. Diese Teile zeigen sich genau dann, wenn du bereit bist, diese zu erlösen. Erzwinge nichts. Wenn du mit dir in Frieden bist und an nichts denkst und auf einmal nimmst du diese Wolke wahr und sie zeigt sich und sie sagt dir auch das Thema oder du fragst danach, gerne auch mich, und das Thema ist dir dann sonnenklar, dann liebe es. Dann erlöse es. Dann vergib dir und wenn nötig, auch dem anderen und bitte auch den anderen um Vergebung. Atme tief und bleib in deiner Liebe und hülle alles ein, bis nur mehr Liebe zu fühlen ist. Du hast es erlöst. Wir gratulieren dir und sind stolz auf dich. Sei auch du stolz auf dich und lobe dich.

Die Weiße Bruderschaft spricht

Freudvoll begrüßen wir dich und merken, wie du dir immer mehr Mühe gibst, unsere Botschaften klar und deutlich zu empfangen. Wir hier von der Weißen Bruderschaft sind froh, wenn wir mit euch kommunizieren können und euch helfen dürfen, das Leben auf der Erde schöner und leichter zu machen, euer Wachstum zu beschleunigen und behilflich zu sein, eure Fragen zu beantworten, euch im Wissen zu stärken. Es ist wichtig, dass ihr euch täglich reinigt von fremden Energien. Haltet euch klar und rein. Eine einfache Hilfe dafür kann sein, dich beim morgendlichen Duschen darauf zu konzentrieren, alles abzuwaschen, was nicht zu dir gehört. Reinige deinen ganzen Körper von ungewollten Energien. Oder stelle dich tagsüber in eine Lichtdusche und lass alles abfließen, was nicht zu dir gehört. Du wirst dich sofort freier und leichter fühlen. Ein gutes Zeichen für deine Reinheit ist die Freude. Wenn du Freude in dir spürst, bist du frei von fremden Energien, die nicht zu dir gehören.

Stärke deine Weisheit. Beschäftige dich mit Dingen, die hinter die Wirklichkeit schauen. Wissen stärkt deine Energien und lässt dich höher schwingen. Wenn du höher schwingst, bist du nicht mehr so anfällig für Strahlung und Negativität, die hier auf der Erde gerade einfließen durch die Machenschaften der Großen und Reichen. Die Mächtigen hier, die die Wirtschaft der Erde in der Hand haben und euch alle beeinflussen und euch in eurem Tun einschränken, können euch dann nicht mehr so leicht erreichen. Ihr rinnt ihnen buchstäblich durch die Finger wie Sand und sie können euch nicht mehr greifen. Bleibt ruhig und im Hintergrund. Und stärkt euch täglich durch die Reinigung und durch die Ansammlung von wirklichem Wissen. Wenn ihr bereit dafür seid, wird auch das richtige Buch oder die richtige CD in eure Hände fallen. Auch im Internet könnt ihr euer Wissen erweitern und dadurch immer mehr in eure Kraft kommen. Ihr braucht nicht viel Geld für Kurse zu bezahlen, um eure Kraft zu leben. Wissen ist überall zugänglich, und wenn ihr immer mehr lernt, auf euer Inneres zu horchen, bekommt ihr die genauen Anweisungen dafür, was zu tun ist. Das, was möglich ist und jeder Wunsch einer jeden Seele hier auf Erden, ist ein Leben in Freude, Frieden, Harmonie und Liebe. Ja, es ist möglich. Es liegt alles bereit dafür. Es ist quasi so, dass ihr die Tür schon sehen könnt. Es ist noch ein kurzer Weg dahin und dann kommt es darauf an, den richtigen Schlüssel zu finden, um diese Tür in die neue Welt zu öffnen. Ihr werdet erstaunt sein, was sich hinter dieser Tür befindet, was ihr dann zu sehen bekommt. Und wir freuen uns so unendlich mit euch auf diesen Augenblick. Es ist ein bisschen wie Weihnachten. Ihr könnt euch schon hin spüren. Ihr könnt schon fühlen, was sich hinter dieser Tür befindet. Und macht das oft. Geht zu dieser Tür, öffnet sie und fühlt die Schönheit, die Freude, die Ehrlichkeit des Seins, die sich in dieser eurer neuen Welt befindet. Wir sind so stolz auf euch, wie tapfer ihr diesen Weg gegangen seid und immer noch weiter geht. Alles steht bereit für einen großen Empfang jenseits der Tür. In der neuen Welt, die die eure ist. Viele von euch werden den tausende alten Zyklus beenden und diese Tür öffnen. Viele sind Wegweiser und werden andere mitnehmen. Es gibt viele Hilfestellungen auf diesem Weg. Viele Menschen sind bereit, euch zu helfen und euch den richtigen Weg zu weisen. Viele Irrwege sind gegangen worden, viele haben zurückgefunden. Es ist schön, euch nicht mehr leiden zu sehen, verstrickt in die weltlichen Dinge, die ihr so wichtig nehmt. Es ist Zeit, nach und nach vieles loszulassen, was euch behindert, euch in der Vergangenheit festhält oder in Erinnerungen ertränkt. Wir möchten noch einmal betonen, dass der Weg dahin kein Geld kostet. Für jeden ist dieser Weg gangbar und möglich und ihr müsst nicht teure Ausbildungen machen, um diese Tür zu finden. Natürlich kann eine gute Ausbildung dich weiterbringen, dein Wissen nähren und dich somit schneller höher schwingen lassen. Bedenkt jedoch, dass jede Ausbildung von einem menschlichen Wesen geleitet wird und jedes menschliche Wesen nur so viel weitergeben kann, wie es selber schon erfahren und erlebt hat und in sich selber frei ist. Wir möchten euch sagen, dass jedes menschliche Wesen nur beschränkt reines Wissen weitergeben kann. Jeder Einzelne von euch hat das Wissen in sich selber, dort, wo auch das Menschenwesen, das euch durch einen Kurs Wissen anbietet, sein eigenes Wissen gefunden hat. Es sind Wegweiser, die man gerne benutzen darf. Man darf aber auch immer mit seinem eigenen inneren Wissen abgleichen, was für einen selber passt. Jeder geht seinen eigenen Weg und ist seinen eigenen Weg gegangen, viele Tausende von Jahren. Jeder macht noch die passenden Erfahrungen, die ihm abgehen und die er benötigt, um dort anzukommen, wo es seit vielen Jahren ersehnt wurde. Kein Menschenleben ist wie ein anderes, keine Erfahrung, die jetzt benötigt wird, ist die gleiche, und doch sind sie alle ähnlich. Und wenn wir jede erlebte Erfahrung zurück zu ihrem Ursprung verfolgen, hat sie ihren Ausgang in der Trennung von der Liebe. In der Illusion der Trennung, des Alleinseins. Begebt euch gedanklich immer wieder hin zum Ursprung, hin zur Ganzheit, hin zur Liebe. Lebt wieder die Liebe und lasst den Gedanken der Trennung hinter euch. Hier findet ihr die Heilwerdung, die Ganzwerdung. Krankheit ist ein Zeichen des trennenden Gedankens. Führt die Menschen wieder liebevoll in die Ganzheit. So wie auch wir euch in die Ganzheit führen. Ihr braucht keinen, der euch sagt, was ihr schlecht macht, dass ihr zu niedrig schwingt. Ihr braucht Menschen, die euch einen Rat geben, wie ihr aus dieser niedrigen Energie rauskommt und nicht mehr hineinfallt. Geistiges Arbeiten ist eine gute Möglichkeit, um seine Energie zu halten. Aber wenn ihr aus eurem Leben zwei Realitäten kreiert, wird es schwierig für euch, diese zu verbinden. Lebe die Liebe und halte dich an Menschen, die fähig sind, die Liebe zu leben. Und nicht an Leute, die kritisieren und gute Ratschläge erteilen, ohne euch als den Menschen wahrzunehmen, der ihr seid. Du brauchst nichts zu beweisen und musst nicht wachsen und du musst auch nicht lieben. Es ist alles eben nur viel einfacher, wenn ihr es tut. Es ist alles viel leichter, lebendiger, freudvoller, wenn ihr aus der Liebe heraus handelt.

Es ist doch gut so, wenn euch Menschen enttäuschen. Enttäuschen bedeutet, ihr fallt aus der Illusion und seht die Wirklichkeit. Nach dem ersten Verliebt-sein seid ihr oft enttäuscht. Ihr nehmt die rosa Brille ab und seht den Menschen, wie er ist. Ihr seid enttäuscht, wieder in der Wirklichkeit gelandet. Nun könnt ihr aufrichtig entscheiden, was ihr wollt. Wie ihr weitermacht. Diese Enttäuschungen sind euch sehr dienlich, um euch aufzuzeigen, wo ihr noch einen Mangel habt. Wo ihr noch nicht hingeschaut habt und wo es jetzt an der Zeit ist hinzusehen. Dankt eurer Enttäuschung. Sie führt euch auf den richtigen Weg. Sie lässt euch die Schritte tun, die nun wichtig sind für euch. Irgendwie müssen wir uns ja bemerkbar machen, um euch wieder auf die Spur zu bringen. Das Leben macht euch aufmerksam, wo ihr noch genauer hinschauen könnt, um einen neuen Weg einzuschlagen, der vielleicht effektiver ist. Wenn alles in Harmonie und Freude ist, geht ihr nicht weiter. Ihr seid aber noch auf dem Weg. Daher immer wieder diese Enttäuschungen, um euch aufzurütteln und zu zeigen, dass da nicht alles eitel Wonne ist. Hier ist etwas zu tun. Eine Änderung der Richtung vielleicht. Ein Loslassen oder ein Wieder-sich-besinnen auf den Ursprung, die Einheit. Wenn du nach innen gehst und in dir nachfragst weißt du, was dir diese Enttäuschung zeigen möchte. Enttäuschung ist kein Teil vom Ego. Enttäuschung ist ein Wegweiser.

Ein einfacher Weg, dein Ego zu umgehen ist, ihm keine Aufmerksamkeit mehr zu schenken. Alles Wollen, Haben, Sein, nicht mehr wichtig zu nehmen. Liebe diese Dinge des Egos und es wird keine Macht mehr über dich haben. Ego hat sowieso nur so lange Macht über dich, wie du es zulässt. Schenkst du ihm keine Beachtung mehr, verliert sich das Ego und erliegt der Liebe. Dinge, denen du im Leben keine Beachtung mehr schenkst, lösen sich auf. Du musst nicht festhalten daran und es dir immer wieder in Erinnerung rufen. Du darfst es ruhig lösen, sich von dir loslösen lassen durch Nichtbeachtung. Den Schmerz der Enttäuschung darfst du lieben, die Enttäuschung darfst du lieben und dann lass sie los und verschwende keine Gedanken mehr an diese Dinge. Es ist nur mehr Liebe da. Neutralität und geschehen lassen, was kommt. Nimm dich wahr als multidimensionales Wesen. Sieh die Größe in dir und die Größe des ganzen Universums und vergiss die kleinen Dinge, an denen du so krampfhaft festhältst. Liebe sie und lass sie los. Wachse zu deiner Größe heran, indem du dich an die Größe des Kosmos erinnerst. An die Großartigkeit der Geburt des Lebens, der Erfahrungen und des Wandels wieder zurück in eine andere Welt. Nimm wahr dein Wachsen, deinen Weg und deine Tür ins neue Bewusstsein. In eine neue Welt des Friedens und der Freiheit. Lass die kleinen alltäglichen Probleme das sein, was sie sind. Erfahrungen auf deinem Weg. Enttäuschungen als Wegweiser. Hinweise durch Geschehnisse. Ohne Bewertung, im Lieben. Bring deine Liebe in dein Leben. Und ein großer Hinweis darauf, dass du Liebe in deinem Leben lebst ist, dass die Probleme weniger werden, die Enttäuschungen auf sich warten lassen und die Geschehnisse um dich herum von Freude und Frieden gezeichnet sind und dein Leben ein Leben in Freiheit ist. Viele von uns sind diesen Weg schon vorausgegangen. Wir kennen diese unbeschreiblich facettenreichen Erfahrungen, die ihr erleben dürft. Von unserer Warte hier betrachtet, ist alles ganz einfach und klar. Wir sehen, warum dies oder jenes bei euch anklopft und euch aufzurütteln sucht, mehr Liebe in euer Leben zu lassen. Es geht immer darum, nicht auf die Liebe zu vergessen. Es ist ein spannender Weg und wir sind stolz auf jeden, der ihn geht. Wir sind stolz auf dich, dass du diese Zeilen schreibst und versuchst, unsere Botschaften in Worte zu fassen, die jeder verstehen kann. Wir danken dir und jedem einzelnen Menschenwesen hier auf diesem Planeten Erde für sein Dasein und seine Bemühungen, der Liebe wieder ihren Platz einzuräumen und seine Seele wieder als Wegweiser zu nutzen. Geht euren Herzensweg, seid in Harmonie mit euch selbst und fragt bei uns nach. Wir geben euch gerne Antworten, um euren Verstand zu schärfen und die Weisheit in euch zu stärken. Die Liebe ist das Wichtigste, was jetzt auf die Erde gebracht werden darf. Liebe dein Leben. Wir grüßen euch von ganzem Herzen und senden euch Zeichen der Liebe für euren Weg.

Freude leben

Sehr schön, du bist wieder hier und bereit zu schreiben. Ich bin Vywamus. Ich liebe es, mit dir zu kommunizieren. Ich würde mich freuen, wenn du mich öfter hören würdest (schmunzelt). Heute habe ich eine ganz besondere Botschaft für dich. Sie betrifft dich persönlich und auch alle anderen Menschen, die das hier lesen. Du möchtest wissen, warum du gerade jetzt in deinem Leben in dieser Situation bist. So nach dem Motto „hier hat mich das Leben hingestellt“. Wir können dir sagen, es ist alles in Ordnung. Du bist genau da, wo du hingehörst, wo du sein sollst. Hier ist deine Aufgabe, deine Welt. Mit den täglichen Herausforderungen lernst du, das Leben so zu lieben, wie es ist. Mal gibt es gute Zeiten, mal weniger gute. Es sind genau die Zeiten, die du daraus machst. Du gibst den Zeiten die Bewertung. Darum sind sie gut oder nicht so gut für dich. Auf jeden Fall sind sie immer richtig, diese Zeiten. Sie bieten dir die Möglichkeit zu wachsen, sie bieten dir die Möglichkeit, deine Stärke zu erkennen, die Zeiten, die du als weniger gut empfindest, zu wandeln oder anzunehmen, wie sie eben sind. Sei glücklich und fröhlich bei allem, was du tust. Ändern, was du ändern kannst, und akzeptiere, was du nicht ändern kannst. Mach deine Arbeit mit Freude, egal was du machst. Es bringt nichts, dich zu ärgern und etwas abzulehnen, was notwendig ist für dein tägliches Leben. Geh in die Freude. Liebe und lebe dein Leben in Freude, mit allem, was es zu bieten hat. Liebe die Abwechslung, das was du als gut empfindest, und auch das, was dir weniger gefällt. Du bist großartig, so wie jeder Einzelne von euch großartig ist. Nütze die Zeit, um das zu erkennen, um wirklich zu erkennen, wer du bist. Egal mit wem du zusammen bist, egal, wo du wohnst. Es geht nicht um die Dinge im Außen, diese Dinge ändern sich ständig, sind nicht beständig, das Außen hält euch zum Narren. Geht nach innen, schaut nach innen. Lächelt und hört, was wir euch zu sagen haben. Ihr könnt heiraten, Kinder bekommen, alleine bleiben,

Reisen machen, arbeiten, bis ihr umfallt, oder eben nichts tun. Alles ist erlaubt. Alles ist gut. Es wird nicht bewertet. Ihr könnt essen, was ihr wollt. Alles ist okay. Aber irgendwann werdet ihr zu euch sagen: „Ich möchte keine Lebewesen mehr essen“ und es ist okay. Es ist eine Entwicklung. Eine Einstellung. Aber beides ist gut. Du isst Fleisch, du isst kein Fleisch. Es ist deine Entscheidung. Du willst leiden. Du steigerst dich in dein Leid. Du bist Opfer von irgendwem und eigentlich nur von dir. Aber es ist okay. Du darfst Opfer sein. Du darfst leiden. Aber irgendwann wirst du vielleicht sagen: „Ab heute möchte ich nicht mehr leiden. Ich bin kein Opfer mehr“, und es ist gut, kein Opfer mehr zu sein. Versteht ihr? Ihr entscheidet, wie ihr euer Leben lebt. Und es ist immer gut. Es ist eure Entscheidung. Ihr seid auf dem Weg und ändert euer Verhalten, eure Einstellung. Ihr lernt dazu, macht Erfahrungen und entscheidet. Zum Beispiel ab heute alles zu lieben, was ihr tut. Keine Opfer mehr zu sein. Euch gesund zu ernähren. Auf euren Körper zu achten. Gut. Ihr versteht was ich meine? Es gibt nichts, was schlecht ist. Was verurteilt wird. Aber wenn ihr euch entscheidet einen neuen, liebevolleren Weg einzuschlagen, den Weg ins Licht zu gehen, dann freuen wir uns mit euch. Jetzt ist die Chance, dass du es schaffst, so groß. Ihr seid wundervolle Menschen. Ihr gebt euch so viel Mühe, hier in der dichten Ebene, um wachsen zu können. Wir freuen uns, um jeden von euch, der die Entscheidung zu einem lichtvollen Leben umsetzen kann. Ihr geht mit uns die Spirale weiter, von der dichten Ebene in die lichte Ebene. Es ist ein Beginn, ein Anfang.

Ja, die Freude soll in euer aller Herzen einkehren. Lebe die Freude. Nimm sie auf in deinem Herzen und überstrahle all dein Leben mit deiner Freude. Du bist ratlos und weißt nicht, wie es weitergeht. Erfreue dich am Sein, am Jetzt. An dem, was eben gerade ist. Freue dich, du liebst dich. Warum ist es wichtig, dass dich ein anderer liebt? Du liebst dich, sei dir dessen gewiss. Und wir lieben dich, wir alle lieben dich. Du wunderschönes, wunderbares geliebtes Wesen! Du bist unser Augenstern, unsere Augenweide. Mach dir keine Sorgen, Sorgen trüben die Freude. Mach dir keine Gedanken.

Sei du das Leben, das du dir wünschst, in Freude. Freue dich über alles, was ist. Über alles, was existiert. Freu dich! Liebe dich! Mehr ist nicht nötig. Nichts ist zu tun, nichts zu erreichen. Die Freude im Leben ist alles, was gebraucht wird. Freue dich des Lebens, freue dich der Liebe. Mach die Dinge, die dir Freude bereiten, und lass alles andere weg. Geh in deine Freude, erfülle dich mit Freude. Was soll passieren? Lebe dein Glück!

Alles ist in Ordnung, alles ist genau so, wie es sein soll. Übe dich in Geduld. Du lebst deine Freude nicht, weil du in Sorge bist, in Ängsten, in Nöten. Du bist in deinen Gedanken und nicht in deinem Herzen. Begib dich in dein Herz und lebe aus deinem Herzen. Freude kann nur aus dem Herzen entstehen. Sei dieses strahlende Wesen im Leben. Blicke über den Tellerrand und du kannst das Ganze sehen. Das Ganze, das im Entstehen ist und Zeit braucht, um wahrgenommen und gelebt werden zu können. Du machst deine Erfahrungen. Du kreierst dein Leben. Erschaffe die Dinge so, wie du sie haben möchtest. In Freude. Du findest die Freude in dir drinnen. Hab Spaß im Außen und trage die Freude in dir. Es klingt immer so einfach, nicht wahr? Ich weiß, es ist für euch nicht so leicht. Habt Dank, liebe Erdenkinder, dass ihr diese Aufgabe so wundervoll erfüllt. Kommt zu eurer Freude zurück. Euer Leben ist genauso, wie es sein soll. Eure Entwicklung im Innen ist wichtig. Das Außen ist nur die Spielform, wie ihr zu leben wünscht. Kreiert euch euer Leben selber. Freut euch daran. Freue dich auf die Veränderungen. Sie sind göttlich geführt. Seid freudvoll gegrüßt.

Vertrauen leben

Die Weiße Bruderschaft spricht

Wir grüßen dich ganz herzlich mit einer sanften Umarmung, die das Universum berührt. Wir freuen uns, wenn du lächelst und Freude ausstrahlst und lebst. Wir wissen, dass das nicht immer leicht ist und jeder Einzelne von euch immer wieder sehr gefordert ist. Es ist euer Herzschmerz, der euch immer wieder an eure Egoteile erinnert. Lasst ruhig eure Traurigkeit zu. Lebt die Gefühle, gebt dem Schmerz eine Daseinsberechtigung. Und liebt ihn. Diesen Schmerz, diese Traurigkeit. Es braucht keine überstürzten Entscheidungen. Es geht nur um die Gefühle und das Lieben derselben. Verurteilt euch nicht. Verurteilt nicht eure Gefühle. Ihr braucht nichts beschleunigen oder entscheiden oder euch vornehmen. Die Dinge geschehen genau so, wie es für euch am besten ist. Vertrauen ist wichtig. Vertrauen in das Leben. Passt auf, was ihr erschafft, und liebt eure Erschaffungen. Bleibt nicht in eurem Ärger hängen, seht die freudvollen Dinge und geht immer wieder in eure Freude. All diese Ängste, Traurigkeit, Ärger, Wut wollen erlöst werden. Erlöst durch Lieben und Freude. Nichts tut euch ein anderer an. Ihr selber tut es euch an. Wenn ihr das versteht, wirklich versteht, dann ist ein großer Meilenstein erreicht. Wir lieben euch und wissen, dass ihr alle bei uns ankommen werdet. Jeder Einzelne ist willkommen und wird freudig erwartet. Es gibt viele Möglichkeiten und Wege, euer Leben zu leben. Es kommt nicht darauf an, wo ihr seid und wer ihr seid und was ihr erreichen möchtet. Es kommt einzig und allein darauf an, wie weit ihr die Freude, die Harmonie, die Leichtigkeit in euch halten könnt.

Wir geben euch den Rat, seid aufmerksam und hört gut zu, wann immer euch Situationen begegnen, in denen ihr euch immer und immer wieder verfangt. Schaut genau hin und erkennt, dass ihr in dieser Situation schon gewesen seid. Ist es nicht immer wieder dasselbe Thema, das euch zu schaffen macht? Das gleiche Gejammer, die gleiche Wut? Der gleiche Ärger, das gleiche Thema? Ja, dann schaut hin und macht eine Pause. Vielleicht atmet ihr gut durch und sagt euch, ja, hier war ich schon des Öfteren und nun möchte ich das nicht mehr erleben. Ich habe es verstanden und löse dieses Thema nun auf. Fühlt diese Situation in der Liebe, fühlt sie in der Leichtigkeit des Seins. Was ärgert euch wirklich? Worüber beklagt ihr euch ständig? Ihr seid die Schöpfer eurer Wirklichkeit. Ihr selber habt diese Situationen kreiert. Also, über wen oder was könnt ihr euch beklagen? Doch nur über euch selbst. Lächelt über euch selbst und sagt zu euch: "Na, schon wieder rein getappt." Und macht einen Schritt nach vorn und schaut euch die Situation an und das wars. Ihr braucht sie nicht mehr. Wozu ärgert ihr euch? Macht es wirklich Sinn, sich über sich selbst zu ärgern? Geht einen Schritt zurück und macht zwei Schritte nach vorn. Macht einen großen Schritt über die Situation, bleibt in der Liebe und geht weiter. Und hier meinen wir den Schritt und das Gehen nicht wörtlich, dass ihr irgendwohin gehen sollt oder müsst. Nein, ihr braucht nichts zu tun, als in der Liebe zu sein und zu bleiben. Nur bleibt nicht in diesen Situationen der NichtLiebe stecken, sondern geht weiter, wieder vorwärts in die Liebe. Das ist alles, was zu tun ist. Haltet die Liebe in eurem Sein aufrecht und lasst euch nicht von den alltäglichen Dingen des Daseins herunterziehen in die NichtLiebe. In den Schmerz, Leid, Ärger, Hass. Nein, ihr braucht diese Gefühle nicht mehr. Wichtig ist für euch, nur in der Liebe zu sein und zu bleiben. Haltet Ausschau nach Menschen, die das vorleben, und macht es ihnen nach. Es klingt so einfach und doch ist es für euch so schwer. Achtet auf eure Gefühle und auf eure Gedanken, denn sie werden eure Wirklichkeit. Richtet den Fokus weg von den Dingen, die nicht passen, und fokussiert euch auf das Neue, das, was ihr euch wünscht, das, wie es ist, wenn es in Liebe ist. Und es wird euch Liebe geschehen. Achtet in eurem alltäglichen Sein darauf und schickt überall Liebe hinein, wo NichtLiebe ist. Nur durch die Liebe ist es möglich, in die nächste Dimension zu steigen und dort auch anzukommen. Es ist wichtig, Harmonie zu kreieren und nicht Disharmonie. Denn dann bleibt ihr in dieser Dualität der Dinge stecken. Ihr wollt weitergehen, also macht es in Liebe. Achtet auf eure verfänglichen Situationen und schickt die Liebe hinein und verfallt nicht den negativen Emotionen. Bleibt ganz bei euch selber und schickt die Liebe in jeden neuen Tag, in jede Situation, in jeden Menschen, dem ihr begegnet. Ja, ihr seid jeder Mensch, der euch begegnet, ihr seid jede Situation und jeder neue Tag. Alles könnte sich nicht ereignen, würdet ihr es nicht erschaffen. Ihr erschafft jeden Tag, jede Minute, jede Sekunde. Natürlich steht es jedem frei zu erschaffen, was er möchte. Um die Dimension zu wechseln, ist es jedoch von Wichtigkeit, Liebevolles zu erschaffen, damit ihr auch dort bleiben könnt. Die Dualität wird in der nächsten Dimension nicht mehr so existieren, wie ihr es jetzt kennt. Die Grenzen werden sich immer mehr auflösen und die Dinge verschmelzen zu Einem. Auch werdet ihr immer mehr erkennen, dass ihr ein Teil des göttlichen Plans seid und mit allem, was existiert, eins seid, auch wenn ihr euch noch als getrennt wahrnehmt. Ihr seid eins mit allem, was ist. Und das ist die Wahrheit. Du bist alles, was ist. Erschaffe dir schöne Situationen, gute Gefühle, liebevolle Blicke. Das ist es, wenn ihr Jemandem in die Augen schaut und die tiefe Liebe fühlt. Die Sehnsucht nach mehr. Die Sehnsucht nach zu Hause. Ihr kennt das. Dieses Gefühl, das euch Lichtwesen vermitteln, wenn ihr mit ihnen in Kontakt kommt und ihr es zulasst. Hier könnt ihr die reinste Liebe, die ist, fühlen. Und wir bitten euch, lasst es zu. Seid bereit und offen für diese Gefühle und füllt eure Tage damit. Reichert eure Tage an mit diesem Gefühl der Liebe, mit diesem harmonischen Grundgefühl, mit diesen fröhlichen Gesängen und der Leichtigkeit aller Dinge. Ruft uns in die Geschehnisse, die ihr noch nicht erlösen könnt von der Dualität, und hört hin. Wir geben uns alle Mühe, euch zu sagen, was zu tun ist. Nur werdet leise und ruhig und atmet und hört zu. Wir geben euch Bilder, Wörter, Sätze. Fühlt sie und lasst zu, dass wir euch helfen. Geht nicht ins Leid und bleibt nicht an einer Ausrede wie Krankheit hängen. Krankheit ist, was ihr euch erschaffen habt. Geht einen Schritt weiter, steigt über die Krankheit und erschafft euch Gesundheit. Verschwendet keinen Gedanken an die Krankheit. Habt keine Schuldgefühle bezüglich der Krankheit. Fühlt euch, als wärt ihr gesund. Fühlt das Glück, die Freude, die Liebe in eurem Herzen. Liebt das Leben und fühlt euer Leben in Gesundheit. All die schönen Dinge, die ihr machen werdet, wenn die Zeit dafür reif ist. Malt euch eine schöne Zukunft aus, konzentriert euch auf die Freude und macht in der Zeit, wo ihr vielleicht im Bett liegen müsst, Dinge, die ihr gerne tun würdet, wozu ihr sonst aber keine Zeit habt. Ihr könnt lesen, malen, lachen, singen, euch lustige Filme anschauen, euch durch Bücher spirituell weiterbilden, eine Sprache lernen, rechnen, Kreuzworträtsel lösen, stricken. Es gibt so viele Dinge, die ihr tun möchtet, wenn ihr gesund seid, und nie tut, weil anscheinend keine Zeit dafür ist, und wenn ihr die Zeit hättet und daheim seid, dann jammert ihr, dass ihr nicht nach draußen könnt, und denkt gar nicht an die vielen schönen Dinge, die ihr machen könntet. Nutzt die Zeit des Krankseins, um euch mit freudvollen Dingen zu beschäftigen und euch mit glücklich machenden Dingen zu umgeben. Hört auf zu jammern, dass der Mann nicht passt, die Freunde nicht die richtigen sind, die Schwiegermutter anstrengend ist oder was auch immer euch gerade wieder nicht passt. Erinnere dich, du bist dein Mann, deine Freunde, deine Schwiegermutter. Vielleicht bist du sie nicht wirklich, denn sie nehmen sich ja genau wie du als getrennt von dir wahr. Aber die Situation, dass sie genau das und das macht und warum dich das ärgert, das ist dein Part, den du auflösen darfst. Es muss dich nicht ärgern. Du kannst deinen Mann lieben, so wie er ist, und akzeptieren, dass er nicht perfekt ist. Wenn du die Situation ändern möchtest, weil es wirklich eine zu große Belastung für dich ist, dann ändere sie. Ändere sie oder liebe sie. Mehr ist nicht zu tun. Und wenn du sie änderst, die Situation, dann liebe diese Veränderung. Liebe deine Schwiegermutter und du wirst staunen, was passiert. Warum ärgert dich, was sie macht? Weil du in NichtLiebe bist mit ihr. Und sie zeigt dir das. Mehr ist das nicht. Auch dein Mann zeigt dir deine NichtLiebe. Deine Kinder, deine Kollegen. Jeder darf dir zeigen, wo noch Liebe fehlt. Und wo du in Schuldgefühlen hängst. Es gibt keine Schuld. Weder der andere hat Schuld noch du selber. Es ist einfach. Die Situation ist einfach das, was ihr euch erschaffen habt. Wem willst du eine Schuld geben? Leben ist immer erschaffen. Und entweder erschaffst du bewusst oder du erschaffst unbewusst. Aber erschaffen tust du. Jede Sekunde deines Lebens. Also sei achtsam und höre auf uns. Wir weisen dich an und führen dich durch schwierige Situationen. Hab Vertrauen in dich, in uns, und vor allem in die anderen Wesen auf diesem Planeten Erde. Sie zeigen dir nur deine Ängste und deine NichtLiebe. Liebe alles, was ist, und liebe deine Erschaffungen und du wirst ein Leben in Harmonie, Frieden, Liebe und Einheit haben. So sei es. Wir sind so stolz auf euch, dass ihr bereit seid, diesen Schritt zu gehen. Wir lieben euch. Seid gegrüßt.

Viele Energien tummeln sich jetzt um euch. Ich bin Vywamus und ich sage euch, wie ihr euch schützen könnt. Es mag sein, dass ihr euch nicht immer so wohl fühlt, nun, in dieser Jetzt-Zeit des Lebens. Alles ist im Aufbruch und im Umbruch und alles geschieht nach Plan. Alles ist im richtigen Zeitraffer des Lebens festgelegt und gibt euch Halt in dieser Zeit. Es ist die Liebe, die euch trägt, und es sind die Erfahrungen, die euch wachsen lassen. Wachst und liebt und geht euren Weg beständig weiter. Lasst euch nicht aufhalten von irgendwelchen zufällig daherkommenden Kleinigkeiten, die euch scheinbar aus der Bahn werfen. Das tun sie nicht, sie wirken auf euch ein und ihr könnt eine kleine Kurskorrektur vornehmen und den Weg weiter gehen in Richtung des Lichts. Ihr seid Licht und Liebe und immer wenn ihr NichtLiebe und Nicht-Licht-Sein lebt, ereignen sich scheinbar Dinge, die euch aus der Bahn werfen, die auch traurig machen oder müde, energielos. Sammelt euch, geht in euch und nehmt wahr, wie sich euer Körper lichtet. Mag sein, dass es sich anfühlt wie ein Schweben oder wie ein LeichtSein. Dieses Gefühl vertreibt die Schwere in eurem Sein. Seid Leichtigkeit, seid Freude, seid Glück. Du bist, was du sein möchtest. Du bist es jetzt in diesem Augenblick. Ich trage euch, ihr tragt euch in euer neues Leben. Haltet euch nicht mit diesen Kleinigkeiten auf, die euch verunsichern und zweifeln lassen. Seht sie an und klärt sie. Stellt sie ins Licht und denkt über eure Schritte nach. Vielleicht habt ihr falsch reagiert, zu heftig, das Ego wollte sich durchsetzen. Seht es an, verurteilt euch nicht, alles ist in Ordnung und darf sein. Ihr habt erkannt, worum es geht, und setzt euren Weg fort. Das ist, worauf es ankommt. Seht nicht zurück, geht nach vorne. Seid im Hier und Jetzt und seid da. Alles, was wichtig ist, alles, was unwichtig ist, alles ist gleich. Alles lebt, alles ist. Alles ist Bewegung und Sein im reinsten Licht des Lebens.

Habt Vertrauen in das große Ganze und genießt euren Weg. Alles ist richtig und darf geschehen. Ihr macht euch aus, was sein darf und was nicht. Der Umgang miteinander bietet viele Herausforderungen. Du musst dich nicht immer darauf einlassen, reagieren und beleidigt sein. Lass es sein und lass es fließen. Morgen schon sieht alles ganz anders aus. Du wirst sehen. Alles ist gut. Ja, auch wenn du denkst, das ist eine alte Floskel, abgedroschen nach euren Worten. Es sind eure Worte und ihr gebt ihnen Bedeutung. Und die Bedeutung, die du ihnen gibst, ist nicht die gleiche, wie der andere es versteht. So viele Herausforderungen sind da auf eurem Weg und ich sage euch, klaubt nicht jede auf, greift nicht nach jeder Herausforderung. Ihr dürft sie auch gerne mal ruhen lassen und nicht wieder austragen. Ihr dreht euch im Kreis. Immer wieder die gleichen Dinge. Wie reagierst du? Wie reagiert der andere? Liebe, liebe, liebe. Mehr ist nicht zu tun. Verurteile nicht und werte nicht. Erwarte nicht. Lebe und lass fließen. Hab Spaß und Freude. Wie kannst du Freude haben, wenn jemand ungerecht zu dir ist? Indem du in der Freude bleibst, in der Liebe bleibst und die Ungerechtigkeit nicht anerkennst, nicht ansiehst, nicht aufhebst und analysierst und dich darüber ärgerst und meckerst. Ignoriere sie oder noch besser, erkenne sie als einen Teil deiner selbst an und liebe diesen ungeliebten Teil deiner selbst.

Das ist es, was du lernst und was du nun auch in deinem täglichen Leben umsetzen darfst. Übernimm die Verantwortung für dein Leben. Werde, was du schon lange bist, ein großes Ganzes. Du bist wundervoll, du bist ein wunderschönes, weises, intelligentes Wesen. Was kann dir passieren? Liebe und Glück sind dir nun dein ständiger Begleiter. Du folgst deinem Herzen, du erkennst, was für dich richtig ist. Du bist auf dem Weg, du leuchtest in der Dunkelheit. Du bist den anderen ein hell leuchtender Stern. Liebe, Freude, Glück. Wie oft hast du dir das gewünscht? Nun ist es da. Es war immer da und wird immer da sein. Nimm es in deine Hand und halte es fest. Für dich und für alle Menschen und teile es mit so vielen, wie du kannst und möchtest. Dein Weg ist ein besonderer Weg. Viele Wege sind besonders. Du bist besonders. Jeder ist besonders. Geh deinen Weg für viele Menschen voraus und lerne gut, den anderen zu helfen, wenn es an der Zeit ist. Ich liebe dich und ich drück dich, wenn du dich allein fühlst, im Alleinssein des Ganzen. Ich bin Vywamus und ich bin gern bei dir und mit dir. Ich freue mich an deinem Glück, an deiner Liebe, ich bin mit deiner Freude eins.

Gib dich der Liebe hin und schau, wohin sie dich führt. Sie kann dich nur ins Glück führen und in die Freude. Solange ihr die Liebe lebt, seid ihr im Glück und in der Freude. Lasst dem Lichtlosen keine offene Pforte mehr. Überstrahlt alles mit Licht. Leben ist Lieben in seiner reinsten Form. Mein Sein im NichtSein des Lebens ist das Licht, das alles überstrahlt. Lebe dein LichtSein im NichtSein des Lebens, immerdar. Alles, was das Erdenleben so bringt, ist in euch gespeichert. Nun schreibt ihr diese Programmierungen um und löst sie auf in Liebe. Du spürst es an dir und du wirst es auch in der Beziehung spüren und später mit vielem mehr. Ein Weg, ein Lernen, das Licht durchzulassen und in die Welt zu tragen. Ich danke dir, du bist ein guter Schüler. Ich grüße dich. Ich bin immer bei dir.

Du bist ein Kind des Lichtes und das Licht ist auf deiner Seite. Doch greifst du immer wieder in die Dunkelheit und holst deine Schatten herauf und reagierst ohne Liebe.

Lerne nun, dir selber zu vertrauen, auf dich selber zu vertrauen und Licht zu sein. Immer und überall. Egal, wem du gegenüberstehst, egal, welche Worte du hörst.

Jede Aussage ist dual, sonst wäre sie Liebe im Fühlen in reinster Form, also ohne Worte. Worte sind immer dual, nicht Liebe. Es ist von uns ein Versuch, euch über Worte die Einheit verständlich zu machen und euch ins Fühlen zu bringen, in die Einheit.

Liebe leben

Ich bin Vywamus und grüße euch von ganzem Herzen. Heute werde ich euch über die bedingungslose Liebe erzählen. Alles, was ist, ist Liebe. Das ist oft schwer zu verstehen für euch. Liebt alles, was ist. Es ist so einfach. Alles ist Liebe und alles kann geliebt werden. Liebt euer Leid, liebt euer Glück, genauso wie ihr eure Angst und euren Erfolg liebt. Liebt euer Geld, liebt jedes Tier, jeden Stein, jede Pflanze. Jeder Hass, jeder Zorn, jeder Neid, jede Gier schadet nur euch selber, macht euch krank. Gesundheit ist Liebe. Schönheit ist Liebe. Ausstrahlung ist Liebe. Ihr seid so wunderschön und versteckt eure Schönheit, wie sich die Sonne manchmal hinter Wolken versteckt. Seid offen für jede Klarheit. Ihr habt die Kraft in euch, alles zu erschaffen. Es ist auch die Kraft in euch, Liebe zu erschaffen. Du hast jederzeit die Wahl, dich im Leid zu verstecken oder das Leid mit deiner Liebe zu heilen. Heile deine Angst mit deiner Liebe, liebe deine Angst. Heile deine Krankheit, indem du sie liebst. Liebe alles, was dir begegnet, alles, was du bist, deine Schönheit genauso wie deine Hässlichkeit. Auch deine Schuldgefühle. Niemand ist schuld. Alles entsteht und vergeht. Gott straft nicht! Das ist ein Irrglaube. Strafen tut ihr euch selbst mit euren Schuldgefühlen, mit eurer Besserwisserei, mit eurer Rechthaberei. Liebt all diese Dinge, liebt sie. Je mehr ihr liebt, desto mehr kommt ihr in die bedingungslose Liebe. Euer Herz schmerzt, gut, es dehnt sich aus, es lässt die Liebe rein. Es öffnet sich. Lass es sich weit öffnen. Öffnet alle eure Herzen und ihr werdet staunen, welche Freude dann herrscht. Das Paradies auf Erden ist die Rückkehr der Liebe. Die Rückkehr der Liebe in eure Herzen, in euer Leben, in euer Sein. Macht euch auf, frei zu sein, frei für die Liebe, die überall ist. Es gibt nichts als Liebe und auch der Hass ist Liebe, die Angst ist Liebe. Die Liebe zeigt dir, wo du noch nicht liebst. Die Liebe spiegelt dir die Teile im Außen, die noch in NichtLiebe sind. Was zeigt dir deine Krankheit, was zeigt dir deine Arbeit? Bist du glücklich darin? Warum bist du nicht glücklich? Wo bist du in NichtLiebe mit deiner Arbeit. Wo bist du in NichtLiebe mit deiner Krankheit? Liebe, lache, lebe. Liebe deinen Nachbarn, mit dem du Streit hast. Liebe deine nervigen Arbeitskollegen, liebe dein Tun. Und am allerwichtigsten, liebe deinen Körper. Liebe dein Wesen, dein Sein. Liebe dich und halte dich rein. Spürt ganz tief in euch drinnen eure Liebe, diese tiefe Liebe für alles Sein. Spürt diese Freude, diese Harmonie, diese Glückseligkeit. Liebt eure zwischenmenschlichen Beziehungen, liebt eure Partner, eure Kinder. Eure Partner sind nicht perfekt. Seid ihr es denn? Ihr könnt perfekt werden, indem ihr euren Partner sein lasst, wie er ist. Akzeptiert ihn, wie er ist, nehmt ihn so, wie er ist. Mit all seinen Macken und mit all seinen liebevollen Seiten. Solange ihr selber noch nicht in bedingungsloser Liebe seid, wie kann es euer Partner sein? Wie können es eure Kinder sein? Zeigt ihnen die Liebe, seid Ihnen ein Vorbild. Liebt euer Leben und euer Umfeld. Euer Partner hat euch Unrecht getan? Hat er wirklich Unrecht getan oder liegt es nur in deiner Bewertung der Dinge? Dein Partner hat bestimmt eine andere Wahrnehmung von dem, was geschehen ist. Ihr bewertet nach eurem eigenen Gutdünken. Wertet nicht, liebt! Urteilt nicht, liebt! Es ist so einfach und doch so schwer umzusetzen für euch. Eure Spiele sind euch eine liebe Gewohnheit geworden. Wer den Ball hat, sagt seine Meinung. Wie wäre es mit einem neuen Spiel: Wer den Ball hat, liebt alles, was ist. Dich ärgert, wie dein Partner sich verhält? Ärger macht nichts besser, deine Zurechtweisungen nützen nichts. Dein Partner fühlt sich ebenso im Recht wie du. Also, wer gewinnt das Spiel? Spiele nicht mehr. Nähre nicht mehr dein Ego mit Recht haben und Besserwissen. Liebe deinen Ärger und das Verhalten deines Partners. Er hat seinen Grund, sich so zu verhalten. Er weiß es erstens einmal nicht besser und zweitens, was sagt er dir damit? Warum bist du in NichtLiebe mit deinem Partner? Mit welchen Teilen in dir bist du in NichtLiebe? Steht vielleicht schon seit längerem eine Trennung an und du lässt diese nicht geschehen? Du hältst vielleicht fest an etwas, was dich Kraft und Anstrengung kostet, und hast Angst loszulassen. Du hast Angst vor der Freiheit, vor dem Allein-sein? Niemand kann je allein sein. Immer und immer wieder ist jemand da, ist jemand bei dir. Und wenn es nur deine unsichtbaren Freunde sind aus der Weißen Bruderschaft oder der Galaktischen Föderation. Und noch unendlich viele mehr, da du ja verbunden bist mit allem, was ist. Du bist mit jedem Menschen auf dieser Erde verbunden, ihr seid eins. Ihr geht in Liebe zurück zur Quelle, zur Einheit, in die reinste Liebe, die ist. Wie kannst du da allein sein? Ihr seid so wundervoll wertvoll. Jeder Einzelne von euch erfüllt seine Aufgabe so wundervoll. Wir wissen, wie schwer es ist, sich aus dieser festen Materie zu lösen. Ihr spielt ja eure Spiele der NichtLiebe so gern und auch so wunderbar bis zum letzten Leid, bis zur Verzweiflung. Jederzeit könnt ihr aussteigen aus diesen Spielen, jederzeit könnt ihr dieses Spielen beenden. Ihr braucht nur in eure Liebe, in die Liebe, die ist, gehen. Und alles lieben, jeden Mitspieler, einschließlich euch selbst. Keine Dramen mehr, keine Angst, euch wird nicht langweilig, wenn ihr keine Dramen mehr spielt. Es gibt so viel zu tun. Wenn ihr endlich erkannt habt, dass ihr diese Dramen, diese Spiele und dieses daraus entstehende Leid nicht mehr braucht, dann liebt diese Dramen, diese Spiele und das daraus entstandene Leid. Gebt euch der Liebe in euch hin. Gebt euch hin dem Neuen, das kommt. Seid in freudiger Erwartung, ihr wundervollen Wesen hier auf dem Planeten Erde! Ich bin mit jedem von euch. Ich bin der Botschafter der Liebe, der Botschafter der Liebe der Neuen Zeit, Vywamus. Ich grüße euch.

Bedingungslose Liebe

Ich bin Vywamus und ich bin ein Botschafter des Lichtes. Ich gebe dir gerne die Information zur bedingungslosen Liebe, die du benötigst, doch wird auch diese Information für dich dual sein. Die Frage ist dual und alles in eurer Dimension ist dual geprägt. Auch in der Dimension, in der ich mich aufhalte, spielt Dualität noch eine Rolle. Allerdings in einem Ausmaß, das ihr als Einheit bezeichnen und fühlen würdet. Auch ich bin ein duales Wesen mit Form und Ausdruck. Doch die Weite und den Überblick über das Geschehen können wir erfassen und die Einheit der Quelle können wir wahrnehmen und fühlen. Wir können mit euch kommunizieren und gleichzeitig stehen wir in Verbindung mit der Quelle. Wir sind verschieden von euch und doch sind wir gleich. Wir sind verschieden von der Quelle und doch sind wir die Quelle. Die Liebe geht viele Wege und doch gibt es nur einen Weg der Liebe. Liebe ist. Du bist Liebe. Ich bin Liebe. Alles ist Liebe. In eurer Ebene ist Liebe dual, in der Quelle ist Liebe Einheit und doch ist es dieselbe Liebe. Es gilt in eurer Ebene, die Liebe zu begreifen, zu lernen und zu leben. Ja, lebe die Liebe. Liebe ist das, was du erfährst, wenn du mit einem geliebten Menschen zusammen bist. Und nun weite diese Liebe aus auf alle Menschen. Bedingungslose Liebe grenzt nie aus. Macht keine Unterschiede. Bewertet nicht. Bedingungslose Liebe liebt. Ihr alle seid bedingungslose Liebe. Du bist bedingungslose Liebe. Hier in der Dualität und bald in der Einheit. Auch Sorge und Leid ist eine Art von Liebe in niedrigster Schwingung. Freude und Glück ist Liebe in höherer Schwingung. Die Einheit der Liebe ist eine sehr hohe Schwingung. Also ist Liebe verschieden und gleich zugleich. Und trotz allem gibt es nur eine Liebe. Versuche nicht mit dem Verstand zu verstehen, fühle. Liebe kannst du nur fühlen, nicht verstehen und zerteilen. Einheit im Sein. EinsSein ist Liebe. Lebe die Freude der Liebe und du bist ein Licht, das alles überstrahlt.

Alle die, denen du bedingungslose Liebe entgegenbringst, werden sie auch dir entgegenbringen. Vertrau mir. Du weißt es ja schon und nun lebe es auch. Es gibt keinen Streit, wenn du bedingungslos und absichtslos liebst. Liebe.

Veränderung leben

Ich bin Vywamus. Heute bin ich hier, um euch auf allen Ebenen auf die globale Situation aufmerksam zu machen. Wir möchten heute mit euch darüber sprechen, was hier auf der Erde weiter geschieht. Es ist nicht so, dass alles so bleiben wird, wie es ist. Die Veränderung steht bevor. Jetzt ist es soweit, für jeden Einzelnen, der sich aufgerufen fühlt, zu handeln. Wir möchten hier keine Angst verbreiten, nein. Wir möchten euch nur dazu anleiten, euch weniger mit euren kleinen Dingen des Alltags zu beschäftigen. Vielmehr ist es jetzt vonnöten, sich mit dem großen Ganzen auseinanderzusetzen und zu verstehen zu beginnen, was hier nun vor sich geht.

Es ist so, dass wir versuchen, euch soweit wie möglich dabei zu unterstützen. Bittet um unsere Hilfe und wir werden da sein. Wir dürfen nicht ohne euer Einverständnis hier eingreifen. Sobald du aber den Kontakt suchst, sind wir da. Wir unterstützen euch, so gut es geht. Was wird geschehen? Die Erde befindet sich in einem Prozess. Sie befindet sich immer in einem Prozess. Nun ist sie an diesem Punkt angelangt, wo sie aufsteigt. Auch die Erde möchte Liebe leben, nur Liebe sein. Das bedeutet für euch Lebewesen auf dieser Erde, dass ihr nur hier bleiben könnt, wenn auch ihr euch dazu entschließt, Liebe zu sein, Liebe zu leben. Die Liebe zu leben, hier auf dieser Erde, wird nun einfacher sein als vor 100 Jahren. Dennoch ist es für euch, die ihr gewohnt wart die Nicht-Liebe zu leben, eine Herausforderung. In eurer Gewohnheit steckt ihr noch in euren alten Mustern fest. Ihr lebt das weiter, was ihr in den vergangenen Leben auch gelebt habt. Festhalten, Beschuldigungen, Ärger, Wut, Frustration. Nun ist es gefragt, Liebe zu leben, Frieden, Zufriedenheit, Glückseligkeit. Lasst los. Lasst die alten Muster los und fangt an, diese nicht mehr wichtig zu nehmen. Ist es wichtig, dass sich der Partner im Ton vergreift? Ist es wichtig, dass der Arbeitskollege ständig nervt? Ist es wichtig, welchen Zahnarzt ihr besucht? Ist es wichtig, ob die Torte gelungen ist? Es sind alles Kleinigkeiten, die nun nicht mehr gelebt werden müssen. Du kannst immer die Liebe dahinter sehen. Es nicht an dich ranlassen. Es nicht mehr durchleben. Du sagst dir stattdessen: Was soll's. Du lächelst in dich hinein und bist zufrieden, dass du in dir in Harmonie bist. In dir ist Frieden, Liebe. Das ist alles, was zählt. Das Außen möchte dich noch dazu bewegen, deine vergangenen Muster weiter auszuleben. Du bist derjenige, der STOPP sagen darf. Du sagst Stopp und du lebst dieses Muster nicht. Du konzentrierst deine Aufmerksamkeit auf dein Sein, auf dich, auf dein Inneres. Du gehst in dein Herz und du weißt, dass du hier nur Liebe bist. Du erkennst, du bist auch der Andere. Du bist auch der, der dich nervt. Du bist dein Freund, du bist dein Arbeitskollege, du bist dein Ärger. Aber in dir bist du Frieden und Liebe. Und damit verschwindet deine Negativität, die dunkle Wolke, die sich gebildet hat, erreicht dich nicht. Du bist Liebe und nichts Dunkles kann je in dieses Licht der Liebe eindringen. In dieser Liebe, die ihr in euch fühlt und die euch immer mehr umgibt, je weniger ihr eure Negativität, eure Schatten auslebt, seid ihr mehr geschützt. Ihr seid geschützt in diesem euren Raum der Liebe. Geschützt vor diesen negativen Schatten, die euch noch an eure vergangenen Muster zu leben erinnern möchten. Ihr greift nicht mehr zu und die Schatten ziehen vorbei. Ihr bleibt frei. Ihr bleibt in Liebe. Das ist der einzige Schutz, den ihr benötigt. Den Schutz der Liebe, um nicht mehr die alten Muster zu leben, und den Schutz der Liebe, um in euch dauerhaft Frieden, Glück und Harmonie leben zu können. Das ist es, was jetzt, hier, gefragt ist. Je mehr Mensch, sich auf sich selber, auf diese Liebe in sich einlassen, desto einfacher wird sich der Aufstieg der Erde gestalten. Desto weniger Naturkatastrophen und Leid wird es geben. All diese neuen Phänomene wie das, dass das Wetter verrücktspielt, dass die Menschen Amok laufen, passieren, weil die Erde schon höher zu schwingen beginnt als die Menschheit, die auf ihr lebt, bereit ist, auch höher mitzuschwingen. Leider sind noch so viele von euch in diesen alten Mustern gefangen und nicht bereit, diese loszulassen und die

Verantwortung für ihr Leben zu übernehmen. Jeder Einzelne von euch hat sich das Leben, das er genau jetzt, zu diesem Zeitpunkt lebt, selbst kreiert. Es ist entstanden aus jeder einzelnen Handlung, die ihr gesetzt habt. Aus jedem einzelnen Gedanken, den ihr gedacht habt. Aus jedem einzelnen Wort, das ihr gesprochen habt. Aus jedem einzelnen Gefühl, das ihr gefühlt habt. Aus jeder einzelnen Emotion, die ihr ausgelebt habt. Du selber bist der, der dafür verantwortlich ist, dass es dir schlecht geht. Du selbst bist der Verursacher jedes einzelnen Details in deinem Leben. Und das ist gut so. Denn wäre es nicht so, würdest du es nicht verändern können. Da es sich aber so verhält, dass du dein Leben kreierst, kannst auch du, und nur du, dein Leben verändern. Nicht dein Partner, dein Arbeitskollege oder die Zukunft wird das für dich erledigen. Du selbst hast dein Leben in der Hand. Du selbst bist derjenige, der die Veränderung bewirken kann, wenn du bereit bist, dein Leben zu verändern. Dann bist du gefragt. Du bist gefragt zu handeln. Anders zu handeln, als du es bisher gewohnt warst. Verändere deine Gedanken, achte auf deine Worte, die du sprichst. Besinne dich auf dein Inneres und nimm das, was dir im Außen begegnet, nicht so wichtig. Sieh dir an, wie dein Arbeitskollege meckert, und bleib bei dir. Von mir aus lächle in deinem Inneren, bleib in Frieden mit dir. Solange du den Frieden in dir spürst, hilfst du mit, den Frieden auf der Erde zu verwirklichen und den Aufstieg der Erde friedvoll mitzugestalten. Es muss nicht sein, dass hier Krieg herrscht, dass das Wetter verrücktspielt, dass die Menschen sich gegenseitig in den Wahnsinn treiben. Ihr selbst seid für den Zustand auf der Erde verantwortlich und ihr könnt es verändern. Und das ist die gute Nachricht. DU BIST DERJENIGE, DER ES VERÄNDERT. Du bist nicht angewiesen auf andere, auf Zufälle, du bist keiner Willkür ausgeliefert. Die Willkür, der du glaubst, ausgeliefert zu sein, bist du selbst. Du selbst hast es in der Hand, wie dein Leben verläuft. Du bist es, der es ändern kann. Ist das nicht großartig! Du bist der Erschaffer deiner Lebensumstände. Und du bist frei zu erschaffen, was du möchtest. Das ist der freie Wille. Jeder Einzelne von euch hat den freien Willen mit auf den Weg bekommen. Du entscheidest. Was willst du leben? Liebe? Dann tu es!

Geh nach innen und fühle dich. Sei mit dir und sei Liebe. Kein Leid kann dir zugefügt werden, wenn du Liebe bist. Kein Leid kann dich erreichen, wenn du Liebe bist.

Wir danken euch allen. Ihr seid unendlich geliebt.

Lebe den Himmel in dir

Du bist eine große Seele, die in einem Körper wohnt.

Nun, ich sehe, ihr seid bereit für eine weitere Lektion „Leben". Ich bin Vywamus und ich freue mich, wieder mit euch zu sein. Ich heiße euch alle herzlich willkommen und gebe gerne etwas Licht an euch weiter. Licht, um euch in der dunklen Zeit in eurem Leben beizustehen. Wir sind immer bei euch. Wir sind immer da. Rufe uns und wir dürfen helfen. „Bittet und euch wird gegeben." Ja, heute wollen wir uns auch mit den Weisheiten auseinandersetzen, die ihr alle von Kindheit an kennt. Und es ist immer ein Kern Wahrheit darin, wenn man es aus der richtigen Perspektive betrachtet. Ihr seid alle Wesen des Lichts, die die Dunkelheit gewählt haben, hier auf dieser Erde zu leben. Nun ist die Zeit der Dunkelheit vorbei. Und doch lebt ihr meistens noch so, als wäre die Dunkelheit noch vorhanden.

Nun ist es an der Zeit, aus dieser Dunkelheit heraus ins Licht zu steigen. Es ist uns eine große Freude, euch dabei zu unterstützen und auf diesem Weg behilflich zu sein.

Deshalb schreiben wir diese kleinen Bücher. Ihr könnt diese jederzeit zur Hand nehmen und euch von ihrer Energie höher tragen lassen. Höher dem Licht entgegen, und wenn ihr bereit dazu seid, wird es euch dabei unterstützen, die Schwere eures Lebens aufzulösen, um die Liebe in euch zu leben.

Ich bin Vywamus, ihr könnt mich als Botschafter des Lichts bezeichnen. Doch ich bin noch sehr viel mehr. So wie ihr hier auf der Erde Menschen seid, und doch seid ihr noch so viel mehr. Auch ihr seid Licht und ihr seid Liebe. Ihr seid unendlich und ihr seid verbunden. Verbunden mit der Liebe, die ewiglich ist. Ihr habt vergessen. Das ist der Unterschied zu uns Botschaftern des Lichtes. Wir haben nicht vergessen. Wir sind den Weg in die tiefe

Dunkelheit nicht gegangen oder haben den Weg zurück ins Licht bereits vollendet. Daher ist uns ein Weitblick möglich, der für euch noch im Verborgenen liegt. Wir sind so stolz auf euch, auf jeden von euch, der sich auf den Weg zurück ins Licht begibt. Wir sind hier, immer bei euch und auch auf der anderen Seite, im Licht, und wir erwarten euch, und es ist für uns ein Freudenfest, wenn wieder jemand bei uns ankommt. Wir sind also hier und freuen uns, jeden Einzelnen von euch auf dieser Seite des Lichts begrüßen zu dürfen. Bis dahin werden wir euch unterstützen und immer an eurer Seite sein, wenn ihr das wünscht.

Ich bin Vywamus und ich möchte gerne mit dir sein, dich begleiten, diesen Weg mit dir gemeinsam gehen. Was es von dir braucht, ist Aufmerksamkeit im Hier und Jetzt. Achte auf dein Freisein, achte auf meine Worte, und wenn du möchtest, schreiben wir diese auf und sammeln sie zu einem Buch. Ein Buch, das Leser finden wird. Es gibt viel zu sagen in dieser Zeit, die hier auf der Erde nun angebrochen ist. Es gibt viel zu erzählen, Erinnerungen wach zu rufen, damit der Weg so einfach wie möglich für euch zu gehen ist. Liebe passiert jeden Augenblick. Liebe ist überall. Ihr seid umgeben von Liebe. Wo ist eure Wahrnehmung? Nehmt ihr die Liebe rund um euch auch wahr? Oder lieber die Wolken, den Nebel?

Wir schreiben in Erinnerung an das, was gewesen ist, und an das, was ist. Das, was sein wird, das ist noch nicht geschrieben. Du bist und du bist hier und du kreierst dein Leben immer wieder neu. Atme und sei du. Sei du mit allem, was du bist. Die Veränderung ist im Gang und wird jeden treffen in der Art, wie es für ihn notwendig ist. Spürst du mich jetzt? Nimmst du wahr diese Energie, die dich umgibt? Deine Angst ist dir im Weg. Immer wieder lässt du diese aufkeimen, nur kurz, aber genug, um aus deinem Sein zu fallen. Du weißt, diese Angst ist nicht notwendig. Also lass sie los. Lege sie beiseite. Sei dankbar dafür, dass sie da war, und besinne dich auf den Frieden in dir. Dein Sein in dir. Frieden, Ruhe. Lass den Gedanken an diese Angst los. Lass los und lebe. Ich bin Vywamus und ich bin mit dir. Fühle diesen

Frieden in dir und ich bin da. Bei dir. Lebe. Genieße und sei du.

Es braucht keine Angst. Alles geht seinen richtigen Weg. Fühle, was es braucht, und es wird da sein.

Ich bin Vywamus und ich bin da. Für dich und für jeden, der es möchte. Ich bin. Du bist. Wir sind. Alles ist Ein- und Dasselbe. Wir sind. Atme tief, atme und besinne dich auf das, was wir sind. Wir sind Liebe und eins im Sein. Wir sind. Du bist. Ich bin. Also atme und sei du und sei wir und nimm an die Liebe, die ist. Du bist frei. Dankeschön.

(Immer wenn du dich schwer oder nicht richtig im Sein fühlst, lies diesen kleinen Abschnitt mit deinem Herzen und es wird alles Ungebetene von dir wegnehmen.)

Du bist Liebe

Ich bin Vywamus und ich sage euch, so ist euer Leben. Ihr lebt, ihr tut, ihr setzt Handlungen. Das ist Leben. Und ihr habt es euch so aufgebaut, dass daraus Konsequenzen entstehen. Ihr könnt verklagt werden. Ihr müsst Zahlungen leisten. Ihr tragt Verantwortung. Das alles erzeugt Angst. Die Angst ist euer ständiger Begleiter: Dies könnte passieren, das könnte passieren. Was ist wichtig? Wo lebst du? Jeder hat ein anderes Leben. Ein Inder lebt anders als ein Eskimo. Ein Europäer lebt anders als ein Afrikaner. Doch ihr alle kennt Situationen, die euch Angst machen. Und ihr lebt diese Angst viel zu oft aus. Ich sage euch: „Alles ist gut". Ihr braucht keine Angst zu haben. „Fürchtet euch nicht." Egal, was passiert, wie ausweglos eure Situation auch scheint, Angst ist nur die Oberfläche. Ihr gebt ihr die Macht, indem ihr diese groß werden lasst. Erkenne die Angst als das, was sie ist. Ein Mittel, euch klein zu halten und in NichtLiebe. Angst ist das Gegenteil von Liebe. Lebe Liebe und die Angst wird der Liebe weichen.

Atme. Atme tief durch. Konzentriere dich auf deinen Atem. Du bist Liebe. Atme die Liebe, die du bist. Entspanne dich und lass alle Wichtigkeiten los. Lass die Angst los. Lass deine Gedanken los. Du bist nicht deine Gedanken, dein Verstand. Du bist Liebe.

Einmal nimmst du dieses wichtig und dann wieder das andere. Wo ist dieses, wenn das andere wichtig scheint? Es gibt „jetzt" für dich nichts Wichtigeres als das, was dich eben „jetzt" so beschäftigt. Es ist vielleicht dein Kind, das in der Schule nicht lernen will oder das sein Essen nicht essen will. Vielleicht ist es auch eine Krankheit, die du hast und über die du dir natürlich viele Gedanken machst. Vielleicht sind es auch Probleme in deiner Beziehung. Dir ist eben in diesem Moment bewusst, dass dein Kind das Mittagessen essen muss, weil Ihr noch weg müsst, und du machst dir Sorgen, hast Angst, was passieren kann, wenn dein Kind nichts isst. Du bist ungeduldig und ein bisschen wütend. Dann läutet das Telefon und eine Freundin erzählt dir, was sie alles erlebt hat, und du fühlst mit ihr mit. Die Sorge um dein Kind, wo ist diese nun? Sie ist weg! Also, wie wichtig war es, sich Sorgen zu machen? Hättest du vielleicht ohne Sorge und Angst auf die Situation reagieren können? Ohne Unmut und Ärger? Wie geht das, eine Situation anzunehmen und nicht die Emotion dazu auszuleben?

Atme und fühle die Liebe, die du bist. Atme und besinne dich. Du bist Liebe. In jedem Augenblick. Es legt sich nur ein Schatten über diese Liebe. Ein Schatten, so dünn wie eine Zuckerglasur. Du hast die Wahl. Es ist deine Entscheidung, diesen Schatten groß werden zu lassen oder ihn zu vertreiben. Vertreiben durch Liebe atmen. Besinne dich in jedem Moment, du bist Liebe.

Es steht dir allerdings frei, diese Liebe zu leben oder doch die Sorge, die Angst, die Wut, den Ärger, die Verzweiflung. Wähle weise. Es sind die Herausforderungen im Leben, denen ihr mit Liebe begegnen könnt.

Gesundheit

Ich bin Vywamus und bitte euch, auf eure Gesundheit zu achten. Krankheit gibt es nur hier, in der Dualität der Dinge. In unserer Seinsebene gibt es nur Gesundheit. Außer du wählst ausdrücklich einen anderen Zustand. Was hier aber keiner für notwendig hält. Ihr Menschen auf der Erde, gefangen in der Dualität und euren Emotionen und Gedanken, kreiert euch eure Krankheiten selber. Ja, es ist kaum zu glauben, aber es ist so. Natürlich werden diese Kreationen unterstütz von den Machthabern, aber ihr selber gebt ihnen die Macht. Ihr seid nicht willenlos ausgeliefert, irgendeiner Krankheit oder einem System. Es sei denn, ihr gebt der Krankheit oder dem System die Macht, über euch zu entscheiden. Wenn ihr aber entscheidet, eure eigene Macht zu leben, eure eigenen Kreationen zu leben, dann haben die alten Systeme keine Chance mehr, auf euch zuzugreifen. Ihr habt ihnen die Macht entzogen und geht in eure eigene Verantwortung. Nehmt die bewusste Erschaffung eures Lebens in eure eigenen Hände, und wenn es nicht eurer Zufriedenheit entspricht, seid nur ihr es, die es auch wieder verändern und neu kreieren und erschaffen können. Nichts und niemand hat Macht über euch. Außer ihr gebt jemandem die Macht, über euch entscheiden zu können. Du bist der Erschaffer deiner Wirklichkeit. Und das ist die Neue Zeit. Nun erschafft ihr bewusst euer Leben. Und wer möchte, darf sich Krankheit erschaffen. Nur wird es euch bald keinen Spaß mehr machen und ihr werdet euch Gesundheit erschaffen, um fit zu sein für neue Erfahrungen und um das Leben hier in vollen Zügen genießen zu können. Auch werdet ihr euer Leben nicht mehr verschlafen wollen, sondern bewusst an allem teilhaben. Egal, was hier auf der Erde im Außen nun passiert, bleibt konzentriert in eurem Inneren und auf Liebe und Harmonie ausgerichtet. Nehmt das Leben an, nehmt alles an, was ihr jetzt in diesem Augenblick seid. Alles, auch eure Krankheit, eure Lebenssituation und liebt alles, was ist. Liebt alle Dinge und gebt ihnen damit ein neues Bewusstsein. Heilung tritt dann in dein Leben, wenn du keinen einzigen negativen, dualen Gedanken mehr hast. Wenn du mit dir im Frieden bist und immerdar nur Harmonie, Freude und Liebe wahrnimmst. Ein Leichtsein, ein Lebendigsein, ein Freisein mit allen Dingen, die sind. Fangt an zu lieben und ihr werdet der neuen Seinsebene immer näher kommen. Wir strecken unsere Hände nach euch aus und weisen euch den Weg. Du selber bist derjenige, der die Entscheidung trifft, wo du deine Aufmerksamkeit hinlenkst. Du selber bist derjenige, der die Entscheidung trifft, was du leben möchtest. Entscheide weise.

All denen, denen eine Krankheit diagnostiziert wurde, all denen, die leiden und Angst haben, denen möchte ich sagen: „Fürchtet euch nicht." Atmet und fühlt die Liebe hinter der Angst, der Verzweiflung, der Klage. Atmet, mit jedem Atemzug atmest du die Liebe ein und die Krankheit aus. Du bist Liebe. Wenn du ohne Angst und Kummer, frei von Angst und Kummer deine Krankheit annehmen kannst. Lächelst. Liebe atmest. Das ist Heilung. Heilung auf allen Ebenen. Heilung deines Körpers, Heilung deiner Seele und Heilung der Ursache, die zu deiner Krankheit geführt hat. Liebe dich und nimm dein Leben an, so wie es „jetzt" ist. Du hast nur dieses Leben „jetzt". Und aus diesem Leben „jetzt" entwickelt sich dein weiteres Leben „jetzt". Was möchtest du in dein Leben pflanzen? Weiterhin Angst oder doch Liebe? Lebe klug. Wir lieben dich.

Schmerzen zeigen euch den Weg. Dort, wo ihr Schmerzen habt, solltet ihr hinhorchen, hineinhorchen. Was möchte dir der Schmerz sagen? Warum ist er da. Der Schmerz wird es dir erzählen. Also horche. Ja, es möchte sich etwas lösen. Die falsche Einstellung, der falsche Gedanke, alles, was noch nicht Liebe ist, möchte sich lösen und der Liebe Platz machen. Du kannst es nicht fließen lassen. Du möchtest selber bestimmen, herbeiführen. Du setzt dir in den Kopf, wie es sein sollte, anstatt anzunehmen, was ist. Lass es fließen. Lass los und lass es fließen. Öffne dich der Liebe. Öffne dich und lass fließen. Halte nichts fest, du brauchst dir nichts zurecht zu denken. Lass fließen. Alles ist frei und darf geschehen. Dein Körper zeigt dir die Blockade, die du dir auferlegst. Verändere dich nicht, um zu gefallen. Sei du selbst. Sei, wie du bist. Es braucht nur, dein Herz zu öffnen und Liebe zu leben jeden einzelnen Augenblick. Ja, so ist es richtig. Lass fließen. Liebe. Befreie dich von deinen Ängsten, von den Mauern, die du erbauen möchtest. Lass fließen. Sei du selbst. Atme und lass fließen. Du bist Licht, du bist Liebe. Was brauchst du das Festhalten? Brauchst du das? Es hindert dich am Fließen. Stattdessen liebe. Freue dich deines Lebens. Sei glücklich. Mach, was dir Freude macht, und lass das Leben fließen.

Die verschiedenen Energien sind um euch herum. Ich bin Vywamus und ich bitte dich, atme. Atme tief aus und atme tief ein. Lass geschehen und die Liebe fließen. Spüre, wie sich diese Energien lösen und du frei wirst. Du wirst frei, dein Leben zu leben, in Liebe zu leben. Atme und liebe. Erlöse die Energien rund um dich. Alle Menschen tragen Energien bei sich und du nimmst diese wahr und auf. Erlöse diese Energien, indem du Liebe atmest, Liebe bist. Wenn du in jedem Moment Liebe bist, setzen sich diese Energien auch nicht um dich herum fest. Entspanne und atme. Lass die Liebe fließen und du bist frei. Fühlt sich nun wohl viel angenehmer an! Alles ist gut. Die Menschen nehmen deine feine Energie wahr und tanken bei dir auf. Dabei geht Energie auf dich über. Sei immer Liebe und diese Energie wird einfach abfallen und nicht auf dich übergehen. Du bist geschützt. Deine Liebe ist dein Schutz. Geh weiter deinen Weg, du bist wunderbar.

Ernährung

Du möchtest vieles über eure Ernährung wissen. Die alte, gewohnte Ernährungsweise hat euren festen Körper genährt in der tiefen Schwingung, die in der vergangenen Zeit vorgesehen war. Nun hat sich die Schwingung verändert. Euer Körper braucht Nahrung für einen lichten Körper und für einen freien Geist. Die Pflanzen haben sich noch nicht so schnell von der Dichte erholt um die Nährstoffe und Vitamine geben zu können, die ihr braucht. Deshalb hinkt bei vielen Lichtarbeitern auch der Körper hinterher. Im Inneren seid ihr schon Licht, im Außen ist die Materie, dein Körper noch fest. Fleisch hat deinen Körper in der dichten Zeit ernährt. Du brauchtest Fleisch um in der dichten Materie bleiben zu können. Daher noch immer die Meinung Fleisch sei so gesund und ohne Fleisch kann man nicht leben. Es kommt aus diesem alten Denken, aus diesen alten Zeiten, wo Fleisch notwendig war, um den Körper mit allem zu versorgen, was er damals brauchte. Nun ist es wichtig hinzuhorchen, in seinen Körper zu horchen und auf Fleisch zu verzichten, das deinen Körper in der festen, dichten Materie hält. Das ist der Grund, warum fast alle Lichtarbeiter irgendwann anfangen, kein Fleisch mehr zu essen. Weil sie spüren, fühlen, dass es sie zu sehr in der Materie hält. Sie fühlen sich nach dem Fleisch-essen schwer und träge, doch suchen das Gefühl der Leichtigkeit. Jeder wird irgendwann diesen Schritt tun. Schön wäre es, wenn schon früher aufgehört werden könnte, die Tiere so zu quälen. Jedes Leid dieser Tiere ist auch euer Leid, als Menschheit. Nehmt gerne die Eier von den Hühnern. Aber nur von denen, die wie früher am Bauernhof leben und einen großen Auslauf haben. Meidet Eier von gezüchteten Hühnern. Diese halten euch in der Materie fest. Meidet Milch und alles, was daraus hergestellt wird. Sie verschleimt, benebelt euren Geist und lässt euch nicht in die Klarheit finden. Esst alles Gemüse und alles Obst. Es hält euch in der Leichtigkeit. Auch viele Kräuter eurer Wiesen und Wälder könnt ihr essen. Sie versorgen euch mit vielen Mineralien und haben eine höhere Schwingung und schwingen deshalb auch euch in die Höhe. Auch das Gemüse und Obst, das ihr selber im Garten anpflanzt, ist ideal. Redet mit diesen Pflanzen, hört hin, was sie euch zu sagen haben - wann ihr was essen sollt - wann ihr was anpflanzen sollt. Esst vor allem die Sorten, die wachsen, wo du lebst. Es braucht keine großen Verschiffungen und Transporte, um an Nahrung von anderen Kontinenten zu gelangen. Das ist ein großer Irrsinn der alten Zeit. Das wird sich komplett verändern. Es wird wieder mehr Achtsamkeit herrschen. Jeder, der sich jetzt schon einstellt auf die veränderte neue Zeit, leistet einen wertvollen Beitrag. Esst Getreide, vor allem Dinkel hier in Nordeuropa. Nicht zu viel Brot. Keine Fertigprodukte, keine industriell hergestellten Lebensmittel, keinen Zucker. Macht euch die Süßigkeiten selber in Form von Kompotten und süßem Getreidebrei oder Honig. Trinkt Wasser mit Honig und Zitrone. Nehmt die Blüten der Linde für euren Tee bei Schwächekrankheiten. Nehmt die jungen Blätter der Buchen und gebt sie in euren Salat. Nehmt die Brennnessel und macht damit Spinat. Nehmt die Brunnenkresse, aber nehmt nichts von der Birke und nehmt auch das Johanniskraut nicht mehr. Nehmt Nussöle und nehmt Sonnenblumenöl oder Olivenöl zum Kochen und für die Hautpflege. Achtet auf eure Hautpflege und verwendet, wenn möglich Cremes auf Naturbasis, in Liebe hergestellt. Ich rate euch, fühlt, was ihr braucht. Viele werden den Duft der Rose lieben, Vanille und Zimt sind wundervolle Gewürze für euch. Auch wildwachsender Thymian und Quendel, Kreuzkümmel und viele Gewürze, die ihren Ursprung in Europa haben. Esst Kastanien, Kartoffeln, Sauerkraut, Rotkraut, Kohl, Dinkel als Beilage. Gemüsesuppen mit Dinkelkörnern. Dinkel in eurem süßen Gebäck. Senf und Meerrettich tun euch gut. Meidet Chili. Wichtig ist, mit Liebe zu kochen und die Freude in euer Essen zu bringen. Liebt eure Nahrungsmittel.

Emotionen

Ich bin Vywamus und ich spreche heute über eure Empfindungen mit euch. Ich liebe euch und wir sind jede Nacht bei euch. Ihr verbringt die Zeit, die ihr schlaft, in lichtern Sphären und erholt euch von den Pflichten, dem Stress und der Verantwortung des Tages. Ihr wacht am Morgen in euren Betten auf und fühlt euch nicht richtig munter, noch müde und verschlafen. Was ist der Grund? Ihr wandert aus diesen Sphären schön langsam wieder in eure Realität. Und diese hat eine andere Schwingung. Ihr fühlt euch morgens schwer, weil ihr die Energie unserer Sphären nicht in der Realität halten könnt. Was könnt ihr tun? Wache auf und wisse, du bist Licht. Spüre, du bist Licht, in diesem Leben. Fühle dich im Licht in diesem Leben. Genieße. Lächle und wisse, das Licht, das dich umgibt, ist immer da. Du bist im Licht und du bist Liebe und die Schwere wird von dir weichen. Die Liebe, die dich umgibt, ist immer da. Du wählst, ob du die Liebe oder die Schwere lebst. Atme und liebe dich. Und lass zu, dass die Schwere von dir genommen wird.

Im Spiel des Lebens ist alles möglich. Du darfst leben, was immer du möchtest. Du darfst leben und deine Erfahrungen sammeln. Du darfst deine Emotionen leben. Alles ist richtig und du versuchst dich in verschiedenen Rollen und die Erfahrung, die du sammelst, macht dich aus. Doch nun ist es so, dass sich viele dafür entschieden haben, diese Erfahrungsebene zu verlassen und wieder zurück in die Einheit zu gehen. Und du, lieber Leser, wähle immer wieder das Licht. Wähle, die Liebe zu leben statt jeder anderen Emotion. Wähle, die Liebe um dich herum aufrecht zu erhalten, die dich in die Einheit trägt. Alles hier auf der Erde kann gelebt werden, nichts ist wichtig in dem Sinne, wie ihr es für wichtig nehmt. Es ist nur eine Erfahrung, die ihr sammelt, und jede Erfahrung ist willkommen und in Ordnung. Und jeden Moment deines Lebens, was auch immer du davor gelebt hast, jeden Moment kannst du dich entscheiden, von nun an Liebe zu leben und die Liebe um dich herum zu fühlen und die Negativität nicht mehr aufrecht zu erhalten. Es wird euch am Anfang vielleicht etwas schwerfallen, doch wenn ihr an der Sache dran bleibt und es immer wieder versucht und uns um Unterstützung bittet, wird es irgendwann normal sein, den Frieden in dir zu leben und nicht den Unmut. Und klopft Unfrieden an und möchte dieser Unfrieden in dir gelebt werden, so atme tief ein und fühle die Liebe um dich herum und gib zu verstehen, dass du diese Erfahrung nicht mehr ausleben möchtest. Du fühlst die Liebe um dich und du kannst diese Liebe, diesen Frieden leben. Du bist immer beides. Du entscheidest, was du lebst. Du hast den freien Willen zu leben, was du wählst. So wähle weise. In jedem Moment. Egal, was du bist, egal, wo du bist, egal, wie du wohnst, die Liebe ist immer gegenwärtig, die Liebe ist immer anwesend, die Liebe kann immer gewählt werden. So wie die Sonne, die immer da ist, die du nur manchmal nicht wahrnehmen kannst, weil Wolken davor sind, so ist auch die Liebe immer da, die du nur nicht wahrnehmen kannst, wenn Nebel davor sind. Das Licht ist immer da.

Hier auf der Erde wird die Dualität gelebt. Es gibt immer zwei. Es gibt immer das Gegenteil. Licht und Dunkel. Liebe und Angst. Frieden und Krieg. Hier in unseren Sphären wird die Einheit gelebt. Alles Gegenteil kehrt nun zurück in die Einheit. Und in dieser Einheit hat Dunkel, Angst und Krieg keinen Platz. Es ist Licht, Liebe und Frieden, den ihr hier finden werdet. Liebe, Licht und Frieden, die kein Gegenteil suchen. Die Einheit, die mit sich selbst zufrieden ist. Glück gelebt. Finde den Weg heraus aus dieser Schwere deines Lebens hinein in den Frieden in dir und du bist nah bei uns. Wir stehen an deiner Seite und geleiten dich. Wir unterstützen dich, wann immer du um Hilfe bittest. Wir sind da, so wie die Sonne, die immer da ist. Du kannst uns wahrnehmen, wenn du den Frieden in dir lebst, oder auch nicht, wenn die Schwere dichte Nebelfelder zwischen uns treibt. Dein Wissen ist nun, wir sind immer da. Das Licht kann immer gewählt werden. Die Liebe kann immer gelebt werden. Der

Friede in dir ist das Geschenk und bringt dir ein Lächeln ins Gesicht. Das ist wahre Freiheit. Frei sein in dir von jeglicher Emotion, von Schmerzen und Sorgen. Es ist möglich. Versuche es. Wir sind bereit, dir beizustehen, wann immer du uns rufst. Atme und fühle die Freiheit in dir, atme Frieden. Wir lieben euch. Seid gegrüßt.

Glück

Mach dir keinen Kummer. Alles ist gut. Es ist schön, dass du hier bist und wir miteinander reden. Es gibt Dinge, die könnt ihr nicht im großen Zusammenhang verstehen. Ich weiß, du möchtest wissen, ob du hier bleiben sollst oder woanders hingehen. Was hat es für eine Bedeutung? Es hat keine Bedeutung. Wo du bist, ist es gut. Sei hier, sei woanders. Richte dir dein Leben so, damit du glücklich bist. Wenn du es hier nicht bist, dann geh. Bist du glücklich, dann bleib. Lass dich führen von deinem inneren Gefühl. Lass dich leiten von dem, was du spürst. Spüre in dich und du weißt, wo du sein willst. Ihr Menschen auf diesem wunderschönen Planeten ihr nehmt diese Dinge zu wichtig. Es geht um eure Entwicklung, um euren Aufstieg in die erste lichte Welt und ihr hängt und klebt an diesen Dingen fest. An eurer Arbeit, an eurem Haus, an eurem Partner. Wir sagen euch, richtet euch das Leben so angenehm wie möglich und genießt es. Genießt alles, was ihr habt, und jeden Tag. Seid willkommen hier auf diesem Planeten und genießt ihn. Das ist alles, was wir immer wieder dazu sagen können. Wir, die Energien, die euch unterstützen, euren Weg weiter zu gehen. Immer lichter zu werden, um euch erheben zu können. Du bist wach, damit wir diese Zeilen schreiben können. Damit du diese Zeilen hinaus in die Welt schickst. Lass alle Menschen daran teilhaben, daran sich zu erinnern, wohin der Weg führt. Raus aus euren Wichtigkeiten, euren Nichtigkeiten. Raus aus eurer Illusion in die Wirklichkeit. Was wollt ihr wirklich? Festhalten an dem Platz, an dem ihr seid, oder frei sein? Ein Leben zu leben in Freiheit und Freude? Partnerschaft ist immer ein Thema von Zweien. Wer sagt, dass zwei immer nur ein- und dasselbe wollen und brauchen? Ohne Energie und Aufmerksamkeit darauf zu richten, gibt es kein Problem. Komm und lass dich darauf ein, alles ist gut. Alles darf sein. Richte deine Aufmerksamkeit nicht dagegen. Sei dafür! In Freude! Liebe alles, was ist! Du weißt es. So ist es. Was denkst du? Ich bin dein Freund. Ich habe kein Auto, kein Haus, nichts, woran ich klebe. Ich bin einfach, ich bin glücklich, ich bin Liebe. Ich bin Vywamus. Ich bin Energie. Eine Energieform. Ich komme, und das ist genauso wie auch bei euch allen, aus der Einheit hierher in die Zweiheit. Nur, dass ich nicht vergesse, wer ich bin. Ich darf mit all meinem Wissen, mit all meinen Erfahrungen hier sein. Meine Energie ausbreiten und dabei mithelfen, euch aus eurem Dornröschenschlaf, aus eurer Traumwelt der Wichtigkeiten, herauszuführen in eure Wirklichkeit. Erschreckt nicht, habt keine Angst. Die Wirklichkeit ist frei von allen Anhänglichkeiten und Zwängen. Es ist eine so wunderschöne Aufgabe, euch dabei zuzusehen, wie ihr jeden Tag wieder ein Stückchen mehr erkannt habt. Erkannt, wo ihr träumt, und euch die Wirklichkeiten zurückholt. Dein Mann macht seinen Weg auf seine Art. Du auf deine. Und jeder andere auch für sich. Es gibt keinen festgelegten Weg. Alles ist frei, gegangen zu werden. Der eine geht ihn intensiver, der andere probiert ein wenig aus und wieder ein anderer sieht noch gar nicht hin. Jeder darf sich auf seinen eigenen, individuellen Weg machen. Und all das, was du dir im Außen kreiert hast, was du als dein Zuhause ansiehst, ist nicht real. Es ist eine Projektion deiner Aufmerksamkeiten, deiner Wünsche und Gedanken. Sieh es dir an und sei zufrieden mit dem, was du erschaffen hast. Und wenn du empfindest, du könntest etwas verändern, dann verändere es. Aber halte nicht fest mit akribischer Unnachgiebigkeit an einer Projektion, die schon längst überholt ist. Verändere, was dir nicht mehr gefällt. Wenn du möchtest, fang ganz neu, von vorne an. Sei bereit, immer und überall alles wieder loszulassen. Lass dich auf die Veränderungen ein. Beginne von Neuem. Lass das Leben fließen. Lass dein Leben fließen. Woran hältst du fest? Was willst du? Du willst nicht … Das habt ihr schön klar definiert. Aber was wollt ihr wirklich? Warum erschafft ihr euch diese Unannehmlichkeiten? Warum erschafft ihr euch nicht Glück und Zufriedenheit? All die Dinge, von denen ihr träumt. Fangt an, eine bessere Welt für euch zu errichten. Werdet zu den Schöpfern eures glücklichen Lebens. Seid diese Schöpfer. Erinnert euch an all das vergessene Wissen in euch und erschafft euch eure eigene Wirklichkeit bewusst. Steigt aus diesen Kreisläufen aus, die euch die Kraft nehmen. Klebt nicht an Sachen fest, die ihr glaubt zu brauchen. Lasst alles frei und erschafft euch in Liebe euer Sein. Nun wünschen wir dir einen guten Schlaf und ein schönes Ausgeruht-sein am Morgen. Wir sind die Einheit, aus der ich komme. Das reinste Licht der Liebe ist in uns und strahlt bis in eure Ewigkeiten hinein. Wir lieben euch.

Wir wissen, du würdest lieber schlafen. Du schläfst zu viel. Du bist müde und träge vom vielen Schlafen. Steht früher auf und erledigt eure Dinge. Abends früher ins Bett zu gehen, ist gesund und nicht zu bald. Schlaft euch aus und nützt den Tag. Je früher Ihr aufsteht, desto weniger träge seid ihr. Werdet wach, erwacht zu eurem großartigen Sein. Lebt euer Leben. Nehmt es in die Hand. Ich bin Vywamus und ich bin immer bei dir. Ich sorge dafür, dass du in deinen Rhythmus kommst. Du bist nun frei zu entscheiden, was du liebst und wo du sein möchtest. Ja, warum sitzt du hier mitten in der Nacht und dir ist kalt? Was habe ich zu sagen? Lass dich ein auf das Leben. Lebe mit vollem Herzen aus deinem vollen Herzen. Hör auf, dich daheim zu verkriechen. Geh raus und lade das Leben zu dir ein. Geh raus und sei offen für Neues. Lass es auf dich zukommen. Geh hin und nimm das neue Leben in Empfang. Du bist ein wunderbarer Mensch, so wie alle anderen auch. Lass dich nicht abhalten davon, dein Glück zu leben, in Freude zu leben. Die Liebe zu genießen. Ist es nicht wunderbar, den Sonnenaufgang mitzubekommen? Es wird heller und heller draußen. Und so ist es auch mit euch. Gerade eben bei dir. Der Frühling ist da. Schön langsam fängt alles an zu blühen. Die Natur öffnet sich dem Neuen. Die Blätter treiben aus, die ersten Blüten öffnen sich. Spüre auch du den Frühling in dir. Lass zu, dass neue Blätter treiben, dass deine Blüten sich öffnen. Du hast durchgehalten, ausgehalten, gelernt. Du weißt, du kannst lieben, auch wenn es nicht perfekt ist. Du kannst lieben und trotzdem deine eigenen Wichtigkeiten leben, in Liebe. Diesen Samen hast du gepflanzt und nun fängt er an zu sprießen. Lass dich nicht aufhalten, bremse dich nicht in deinem Wachstum. Sei der, der du bist. Selbstermächtigt und groß. Nimm teil an der Menschheit. Am Sein, am Geschehen. Lass dich ein auf ein Abenteuer der neuen Art. Komm und geh hin, genieße und lebe! Lebe dein Leben ohne Wenn und Aber. Öffne dich und erwache. Lass dich nicht mehr ausnützen und vergeude nicht deine wertvolle Energie. Halte sie gut verschlossen und gib sie aus an die Menschen, die ehrlich und aufrichtig daran interessiert sind. Die dich achten und deine Gaben und deinen Wert kennen. Sei du selbst und verstelle dich nicht mehr. Du spürst, wie du jeden Tag wächst und deine Größe deinen Körper bei weitem übersteigt. Du weißt tief in dir, wer du bist. Werde zu dem, der du bist.

Du glaubst, du hast ja nichts getan, du bist ja immer noch die gleiche! Nein, du bist in die Liebe gegangen und hast jedes unliebsame Teil geliebt. Du machst die Dinge, die richtig sind für dich, ohne als erstes auf jemand anderen Rücksicht zu nehmen. Du machst nun, was dir Spaß macht. Du liebst dich voll und ganz und akzeptierst auch die anderen so, wie sie sind. Merkst du den Unterschied? Siehst du nun die Veränderung? Es scheint dumm zu sein, jemandem die Macht über sich zu geben. Aber ihr macht das andauernd. Ihr macht euch klein, lasst euch klein machen. Ihr macht euch groß und stellt euch über andere. Ihr seid alle gleich. Ihr macht alle den gleichen Rhythmus durch. Die einen sind schon länger unterwegs, um hier auf der Erde zu lernen, und andere noch neu. Die einen lernen schneller, die anderen brauchen etwas länger. Es ist wie euer Leben. Ihr habt es zur Verfügung und irgendwann sterbt ihr, bis ihr nicht mehr zu sterben braucht, weil ihr begriffen habt, dass es nur Leben gibt. Der Tod ist eine Einbildung des Geistes. Er existiert nicht. Und doch seid ihr alle davon betroffen und euer Leben scheint begrenzt zu sein. Genauso ist es auf der geistigen Ebene. Ihr geht einen Kreislauf durch, genau diesen eben, euer Erdenleben. Und irgendwann gelangt jeder an den Punkt, wo er begreift, wo er versteht, wo er weiß, dass er gelernt hat, dass das Ganze hier, all die vielen Leben ein wunderbares Abenteuer waren. Ein Abenteuer, das euch hätte Spaß machen können, Freude, Leichtigkeit und Ehrlichkeit hätte bescheren können. Stattdessen seid ihr in der Angst verharrt, habt euch in ein Leid verstrickt und alles als schlecht empfunden. Ja, es sollte so sein. Ihr wolltet diese Erfahrungen und daher machtet ihr sie auch durch. Viele von uns sind auch durch diese Leidens- und Angstfelder auf der Erde gegangen. Nun sind wir hier und erwarten euch voller Vorfreude. Wir sind so stolz auf euch. Was ihr alles geschafft habt! Es ist so wunderbar, es zu beobachten, eure Lichter immer heller und bunter strahlen zu sehen. Und zu wissen, dass auch nun wieder einige von euch diese Angst und dieses Leid überwunden haben und selbstermächtigt ihren Weg nun weiter gehen, hier auf diesem Planeten Erde, und mithelfen, einen besseren, harmonischeren, friedevolleren, freien Planeten mitzugestalten für die nächste Runde im Aufstieg bis zu eurer Göttlichkeit in Herrlichkeit. Amen, so sei es. Merkt ihr, wie die Bibel mit so vielen Aussagen recht hatte, sie nur falsch oder eben im niedrigen, dualen Bewusstsein gedeutet wurden? Was ist es, was ihr braucht? Ihr braucht Wissen. Je mehr ihr wisst, desto mehr wird es eure Erfahrung und desto mehr wird es euer Leben, eure Integrität. Also schaut über den Tellerrand und erwerbt euch Wissen über die Dinge, die nicht erklärbar sind. Die nicht erklärt werden, richtig erklärt werden in euren Schulen und Schulbüchern. Wissen, dass ihr nur in euch selber findet. In euch drinnen wisst ihr ganz genau, was richtig und was falsch ist. Welche Information euch reines Wissen bringt und welche euch auf eine falsche Spur führt. Das ist das Leben, die Geschehnisse hier auf diesem Planeten. Alles hat zwei Seiten und man darf sich die richtige, stimmige - eigentlich gibt es kein Wort dafür, weil es eigentlich kein Richtig und Falsch gibt - aussuchen. Alles ist das Gleiche. Und das Richtige führt automatisch zum Falschen und das Falsche zum Richtigen. Eigentlich ist es ein Geschehen, das sich definiert durch sein Gegenteil. Und in dem Wissen, dass es so ist, könnt ihr weitergehen, einen Schritt weiter in die Einheit. Wissen ist der Schlüssel. Wissen ist überall versteckt in Büchern, im Internet, im alltäglichen Leben. Wissen ist Macht. Nein, Wissen ist Selbstermächtigung zu dem Wesen, das ihr seid. Keine Machtausübung mehr, sondern ein Gleichstellen in Liebe. Verständnis und Hingabe. Freu dich! Freu dich auf dein selbstermächtigtes Leben. Ja, gerne erzähle ich dir ein wenig von dem, was im neuen Sein auf dich zukommt. Du spürst diese Freude schon in dir. Diese Leichtigkeit und dieses FreiSein. Lass es zu und du wirst Glück in allen Variationen kennenlernen. Du bist bereit, das Leben so anzunehmen, wie es ist, und jede Situation, die auf dich zukommt, zu lieben. Du tust die Dinge, die getan werden wollen, und du tust die Dinge, die du so gerne tust. Und beides im gleichen Gefühl der Freude. Du schläfst so lange durch, bis du richtig wach bist, und dann stehst du auf mit einem Glücksgefühl in dir. Du gibst niemandem mehr die Macht über dich. Du bestimmst, was du in deinem Leben machst, nur für dich. Du tust nichts mehr nur deinem Gegenüber zuliebe. Du machst, was du fühlst und was du für dich entschieden hast, und du machst alles in Freude. Und was dir keine Freude mehr bereitet, machst du nicht mehr. Du lässt dich zu nichts hinreißen, weil ein anderer es will. Du brauchst keinem Menschen mehr deine Kraft zu geben, damit er diese deine Kraft als seine Macht dir gegenüber ausspielt. Du bist der Meister deines Lebens und diese Macht- und Egospiele wirst du nicht mehr spielen wollen. Auch wirst du nichts mehr essen wollen, was dir nicht gut tut. Du bist der Herrscher über dein Leben. Lebe es so, wie du es dir erträumst, wie du es dir wünschst. Keiner muss sich ausnützen lassen und Opfer sein. Jeder kann aus diesem Muster, diesen Spielen aussteigen und sein Leben selber in die Hand nehmen. Nimm es in die Hand und lebe deine Freude. Du hast ganz vergessen, wie es ist einen Partner zu haben, der dich aufrichtig liebt. Der dir gibt, ohne selber ständig zu wollen und zu verlangen, und nur wenn du das tust, dann bekommst du auch das, und wenn du das nicht tust, dann wohn eben woanders. Weil das alles ist meines, und du tust was ich dir hier sage, oder ich strafe dich. Ja, woher kennen wir das alles? Aus dem Elternhaus? Und warum lebt ihr sowas freiwillig in euren Beziehungen weiter? Welchen Sinn hat das? Es geht um das Erkennen im Wissen, dass es auch anders geht. Und anders wird es sein in euren neuen Leben. Ganz anders. Eine Gleichheit, vielleicht auch eine Gleichberechtigung, aber dieses Wort wird so oft falsch verstanden und gedeutet, also eine Gleichheit zwischen den Partnern. Keiner ist der Mächtige und keiner ist mehr das Opfer. Gemeinsam macht ihr, was euch Spaß macht, und keiner ist beleidigt, wenn der eine mal etwas nicht mag oder etwas anderes mag. Jeder akzeptiert den anderen so, wie er ist. Und jeder versucht selbst, immer in der Freude zu bleiben. Dann ist es auch die Partnerschaft. Du wirst Partnerschaft auf eine ganz andere, neue Weise kennenlernen! Frei und so viel Freude wird da sein und Lachen und Spaß und Glück. Ein Schritt nach vorne und du bist da. Wir wünschen dir einen wunderschönen Tag in Liebe. Deine Brüder und Schwestern. Wir sind mit dir.

Ich bin da, Vywamus, an deiner Seite. Ich bin hier und unterstütze dich in allem, wo du es zulässt. Wir sind hier, um zu unterstützen, um hilfreich an eurer Seite zu stehen. Du kreierst dir deine Welt. Manchmal klein, manchmal groß. Du bist ein wundervolles Wesen, das voranschreiten möchte im Sein, einen Weg zu finden hinaus aus dem Dschungel dieses Lebens in ein neues Leben, das weiter und freier und leichter ist als alles, was du bisher kanntest. Geh diesen Weg und sieh, was geschieht. Es ist alles gut. Alles ist gut. Alles ist da und alles darf gelebt werden. Du bist alles, was geschieht, und alles, was geschieht, hat etwas mit dir zu tun. Du hast viele hilfreiche Helfer an deiner Seite und jeder kann dir einen kleinen Teil seiner Wahrheit mitgeben und du machst deine eigene Wahrheit daraus. Ein Leben im Sein, in Wahrheit bringt die Leichtigkeit mit sich. Genieße dich, dein Leben und finde den Weg, der dich glücklich sein lässt. Glück ist, was du bist. Glück sollte immer verbreitet werden, um seinen Weg zu dir zu finden. Lebe dich glücklich, mach keinen unglücklich. In euren Ego-Machtspielen wird darauf abgezielt, jemanden unglücklich zu machen, um selber glücklich zu sein, recht zu haben. Lass das Spiel sein. Habe es zum letzten Mal gespielt. Du brauchst es nicht mehr zu spielen. Lass es aus. Sei in deiner Kraft, deiner Liebe und lass alles überströmen und lass die anderen sein und reden und machen, was sie wählen. Du kannst daraus aussteigen, nimm es nicht so ernst. Nimm dich nicht so ernst. Sei ein Licht in dieser Dunkelheit und fall nicht auf die Dunkelheit rein. Sie will dich aus deiner Reserve locken, und hat sie es geschafft, bist du abgeschnitten von Glück und Leichtigkeit. Also sei standhaft und bleib im Licht. Lass die Dunkelheit sein, was sie ist, und spiel das Spiel nicht mit. Du brauchst nicht länger im Spiel von Macht und Kampf und Recht-haben verweilen. Es ist das Spiel der anderen. Du steigst aus, nicht indem du gehst, sondern indem du bleibst und Liebe bist. Lächle in dich hinein und lass die anderen machen. Steig aus aus diesem System des sich immer und immer wieder drehenden Rades des Erschaffens von Egostrukturen. Du bist frei. Geh in diese Freiheit und kümmere dich nicht darum, was jemand von dir denkt oder ob er dich mag oder nicht. Es ist unwichtig. Wichtig ist, dass du dich frei, leicht und lebendig fühlst. Im Fühlen des Freiseins bist du unendlich geliebt und du erschaffst ein neues Leben. Ein Leben, das dir Glück und Liebe bringen wird. Und es ist möglich. Es ist greifbar. Es ist jetzt lebbar. Jetzt kann es existieren. Jetzt kann es sein. Jetzt. Fühle und atme. Ich bin Vywamus und ich bin bei dir.

Atme tief und fühle die Liebe fließen in dir und mit dir und um dich herum. Du bist Liebe. Fühle, wie sich verhärtete Strukturen lösen und die Liebe zu fließen beginnt in all diese Verhärtungen und diese freimacht und auflöst. Die Liebe in dir fließt in jeden Winkel in dir und du bist Liebe und sollte jemals wieder eine solche Situation auf dich zukommen, lass diese Liebe fließen in dir und lass nicht zu, dass sich Verhärtungen bilden. Liebe dich und atme tief und besinne dich auf das, was du bist. Licht.

Traurigkeit

Wir können dir nur immer wieder sagen, du bist Liebe. Ihr seid Liebe. Du bist alles, was ist. So ist es. Genieße das Leben. Genieße deine Gefühle. Liebe deine Gefühle, liebe alles, was ist. Ihr seid bereits aufgestiegen. Du bist bereits in der neuen Ebene des Seins. Genieße dich. Genieße alles, was dir passiert. Sei dir bewusst, wer und was du bist. Ich bin Vywamus und ich sage dir, du bist das Beste, was es gibt. Hier auf der Erde und im ganzen Universum bist du der wichtigste Teil, der existiert. Ihr alle seid die wichtigsten Teile, die sind. Genieße es. Feiere dein Leben. Feiere deine Gefühle und erhebe dich zu dem Schöpferwesen, das du bist. Lasst euch hochleben, lasst euch feiern und lasst euch eure Schöpferkraft ausprobieren und genießen. Experimentiert mit eurer Kraft, mit euren Erschaffungen, und wenn sie euch nicht gefallen, dann programmiert sie um. Du bist deine Erschaffung, du bist dein Leben.

Du möchtest wissen, woher diese Traurigkeit kommt? Nun, du schottest dich ab, du machst eine Mauer und sagst: „Wenn du mich liebst, dann komm." Warum sagst du nicht: „Ich liebe dich, also bin ich da." Du kannst genauso wenig etwas von einem anderen erzwingen wie der andere von dir. Du bist in dieser Ebene des Seins und doch agierst du aus einer erhobenen Ebene. Ohne zu werten. Es ist Neuland für euch und ihr dürft ausprobieren und korrigieren. Ihr habt die Zeit, soweit die Zeit noch greifbar ist für euch, euch an diese neue Gegebenheit zu gewöhnen. Auch daran, dass ihr nicht zu arbeiten braucht, um zu leben. Noch seid ihr in euren alten Gewohnheiten gefangen. Öffnet euch dem Neuen und probiert aus. Nichts kann falsch sein. Solange die Freude dabei ist, ist es richtig. Wenn die große Traurigkeit kommt, dann geht ihr nicht den Weg der Freude, der Liebe, den Weg des Herzens. Oftmals ist auch eine Traurigkeit da, weil liebgewonnene Dinge losgelassen werden müssen. Aber es ist eine andere Traurigkeit. Hinter dieser Traurigkeit wartet die

Freude des Neuen. Die Aufregung und die freudige Erwartung eines neuen Lebens. Vielleicht kannst du dir noch nicht genau vorstellen, wie das Neue aussehen wird. Das lieg aber nur daran, dass der Verstand das Neue noch nicht fassen kann. Er kennt das Neue noch nicht und kann noch nichts damit anfangen. Wenn ihr aber beharrlich auf eurem Weg der Freude bleibt, wird der Verstand irgendwann klein beigeben und das Neue zulassen und versuchen, es einzuordnen. Und siehe da, ein neues Verständnis der Wirklichkeit wird sich ausbreiten und euch erfüllen und euer Sein in der neuen Ebene wird immer mehr zum Vorschein kommen und fassbar werden.

Mein Seelenanteil spricht

Erhebe dich aus deinem Schlaf und sieh der Wirklichkeit entgegen. Nimm wahr, was um dich herum geschieht, und nimm es an. Nimm es an in all seinen Facetten und all seinen Kleinigkeiten und all seinen Unannehmlichkeiten und sieh hin und nimm wahr, dass alles nur Liebe ist. Erfülle dich mit diesem Gefühl der Liebe und erschaffe daraus deine neue Wirklichkeit. Komm an im Sein der neuen Dimension und lebe mit uns ein Leben in Glück und Frieden und Harmonie und Freiheit. Akzeptiere nur die Liebe als deine Wirklichkeit. Deine Freude ist der Motor in diese neue Zeit, die wir gemeinsam leben werden. Wir werden uns gemeinsam erheben in die neue Dimension, in ein neues Sein und wir werden gemeinsam ankommen in der Einheit allen Seins. Du bist ein Licht, das die Schatten erhellt, ein Licht, das durch die Dunkelheit strahlt. Wir gemeinsam sind viele Lichter im göttlichen Sein und erhellen ein ganzes Universum. Lasst uns tanzen und uns erheben zu den Meistern, die wir sind. Ich bin bei dir, immer und immerdar. Ich bin der, den du gesehen hast. Ich bin der, der mit dir hinabgestiegen ist. Ich bin der, der hier auf dich wartet. Voller Sehnsucht erwarte ich dich und bitte dich, komm zu mir und geh den Weg weiter mit mir Richtung Einheit und Licht. Lass uns das Abenteuer weiter zusammen erleben und komm mit mir heim in die Einheit allen Seins. Du hast mich gesehen in den Augen mancher Menschen und du hast gleichzeitig dich gesehen in diesen Augen. Du und ich, wir sind eins. Und wir sind eins mit allem, was ist. Du erinnerst dich, du weißt was passiert ist, du siehst die Dinge ohne Zeit und Raum und doch haben sie Zeit und Raum. Du kannst mich noch nicht erfassen, so wie manche Menschen dich nicht erfassen können. Und doch existiert die Liebe zwischen dir und diesen Menschen und zwischen dir und mir. Ich bin du.

Lass das Leben sein, wie es ist, und fühle die Freude in dir. Unabhängig von den äußeren Umständen. Ganz egal, was sich im

Außen zeigt und tut. Du bist Liebe. Du bist Freude. Du bist. In dir drinnen ist die Ebene der neuen Dimension. Nicht hier im Außen. Da kannst du nichts verändern. In dir fühlst du die Weite und die Liebe. Und wenn du das Außen nicht mehr wertest, wird das Innen sich im Außen zeigen. Willkommen in der Realität. In der Realität, die euer Leben ist. Ohne Illusion. Ohne Traum. Die Wahrheit, die gelebt werden will. Die Freude und das neue Sein entstehen in deinem Inneren. Das Außen ist nur eine Plattform, auf der Leben existiert in der Dualität. Nicht mehr und nicht weniger. Das ist das Leben im Jetzt. Zu akzeptieren, alles was ist. Jetzt. In dir ist die Weite des Seins. Alle Möglichkeiten sind in dir. Im Außen ist nur das Jetzt, die Realität, ohne Verschönerung. Kein Traum für ein neues Sein. Kein Traum der wundervollen Liebe. Kein Traum des Friedens wird sich im Außen manifestieren, solange er nicht in dir wahrgeworden ist. Kein Stein bleibt auf dem anderen, wenn du begreifst, erkennst, was LEBEN ist. Was Leben meint. Die totale Hingabe an das Leben in Freude. Realität ist das, was ist. Und doch ist nichts, wie es zu sein scheint. Du weißt es. Das Wissen ist in dir und du weißt es. Solange ihr in Erwartung an etwas lebt, das passieren soll, werdet ihr enttäuscht sein. Solange ihr euer Glück vom Außen abhängig macht, werdet ihr enttäuscht sein. Ihr wisst das alle und trotzdem lebt ihr es weiter. Jeden Tag immer wieder. Haltet inne und begreift die Worte, die Botschaft, die Schwingung, die dahintersteht. Und lebt es. In voller Freude und Harmonie, ohne Mauern und Blockaden aufzubauen. Im Fluss des Lebens. Im Sein der Liebe. Ich bin mit euch, euer Vywamus. Natürlich denkt ihr, wir hier haben leicht reden. Wir stecken nicht mittendrin im Leben und sehen keinen Ausweg. Wir sehen die Wege ganz klar und können erkennen, was ist. Ja, wir sind mächtig stolz auf jeden, der den Weg bis hinunter in die dichteste Dimension gewagt hat und auch wieder zurückkommt in unsere Sphären. In die Einfachheit des Seins. Wir lieben euch unendlich.

Ich bin Vywamus und ich darf dir sagen, dass der Fluss des Lebens alles ist, auf das du vertrauen kannst. Halt nichts fest, halte dich nicht fest. Fließe. Ja, wir sagten das bereits. Fließe mit dem Leben mit und blockiere nichts. Lass geschehen, staune und gehe weiter.

Alles ist in Bewegung. Nichts kannst du kontrollieren. Alles ist genauso wie immer und doch empfindest du es ganz anders. Unkontrollierbar, aus den Fugen geraten, auf nichts kannst du dich verlassen, nirgendwo festhalten, alles fließt dir durch die Finger. Leben passiert. Kreiere du das Leben so, wie du es gerne möchtest. Alles darf sein. Nichts muss sein. Es ist. Entscheide du dich. Wie willst du leben? Was möchtest du tun? Wo möchtest du sein? Ich bin bei dir, egal wo du bist. Lerne, nichts so nah an dein Herz zu lassen, dich aus dem Gleichgewicht bringen zu lassen, aus deiner Kraft. Du bist eine enorme Kraft, lebe diese Kraft. Komm, ich helfe dir.

Atme mit mir. Nimm mich wahr. Meine Energie, mein Beidir-Sein. Atme die Liebe und den Frieden ein. Und lass ihn wieder los, atme aus. Und wieder ein. Auch euer Atem ist ein ständiges wieder Loslassen. So lass auch du immer wieder los. Egal, in welcher Emotion und welchem Gefühl du gerade steckst. Lass es los und fühle die Leichtigkeit dahinter.

Es gibt keine Kontrolle mehr. Keine Macht mehr, die du ausüben kannst. Leben ist Fließen. Du bist so sehr damit beschäftigt, einen Strohhalm zum Anhalten zu finden, dass du auf das Leben vergisst. Lebe ohne Halt. So lange hast du diesen Halt gesucht, dafür gekämpft, geglaubt, ihn zu haben, und doch war er nie da. Es gibt keinen Halt im Leben. Nur fließen. Fließe mit. Nichts kann dir mehr was anhaben. Du bist frei, du bist in einem Energiefeld, in einem Kraftfeld, das dich hält und nur mehr Licht wahrnehmen lässt. Nichts kann dich mehr davon abhalten, deinen Weg zu gehen. Das ist wunderbar. Wir sind so stolz auf dich und all die Menschen, die den gleichen Weg gehen. Du bist Liebe. Du kannst auch entscheiden, was und wie du leben möchtest. Achte dich und lebe so, wie du es dir wünschst. Ja, die Liebe ist unser ständiger Begleiter. Licht und Liebe ist der Weg. Der Weg ist nicht Form. Ist nicht Gedanke. Er ist Liebe. Natürlich verspürst du keinen Schmerz. Du stellst dich nicht mehr gegen das Leben. Du willst nicht mehr, dass die Situation anders ist, als sie ist. Daher ist auch kein Schmerz im Herzen zu fühlen. Traurigkeit fühlst du noch, auch das wird ganz weggehen. Wenn du keine Gedanken mehr daran verschwendest, wie ungerecht die Welt ist, werden deine Tränen versiegen.

Gebt euch nicht der Illusion hin, den Gedanken, die machtvoll sind. Den Geschichten, die ihr euch im Kopf zusammenmalt und als vermeintlich wahr anerkennt. Seht die Wahrheit und nichts als die Wahrheit. Sie ist so einfach, so simpel. Die Wahrheit ist, ihr seid alle Licht. Auch dein Gegenüber ist Licht. Tief verborgen, hinter der Fassade, hinter den Mauern, hinter dem Ego sitz ein Licht. In jedem von euch. Nimm wahr dieses Licht. Und erkenne den Menschen vor dir als den, der du bist. Das ist Sein im NichtSein. Leben ist Liebe. Alles ist eins. Du bist.

Und dann wird auch die Schwere wieder weichen. Lass zu, dass du wieder leicht wirst. Die Leichtigkeit fehlt dir in diesem Augenblick in dieser Zeit, in der du dich auf Dinge einlässt und festhältst, die dir nicht entsprechen.

Dann geh weiter. Geh weiter diesen Weg in die Freiheit. Dieses Jahr ist das Jahr der Wegweiser. Die Eckpfeiler werden versetzt, der Weg wird neu beschritten. Viele Menschen verändern den Weg, den sie eben noch gegangen sind, und lassen sich ein auf das Neue. Ein neues Leben in Liebe für alle. Die ersten Schritte heraus aus der Abhängigkeit von sich selber, von seinen Vorstellungen und Taten. Heraus in die Freiheit zu treten und zu sagen, es geht auch anders. Es geht so, und wenn es doch nicht geht, gehe ich eben wieder anders. Vielleicht auch mal zurück, aber eher immer wieder nach vorne. Nach vorne in ein Leben, das mehr Freiheit bedeutet. Mehr Freiheit, dein Leben so zu leben, wie du es dir erträumst. Dein Leben gehört neu geordnet und viele Dinge werden sich von selber lösen. Die Wehwehchen entstehen daraus, seinen Weg verbissen weiterzugehen und die Veränderung nicht zuzulassen. Lass zu und geh. Unternimm das

Neue. Worauf wartest du? Du kannst nicht scheitern. Das ist nicht möglich. Es gibt kein Scheitern. Es gibt nur ein Wiederneu-anfangen. Alles ist gut. Es geht weiter und weiter. Das Stagnieren und Stehenbleiben und nicht im Fluss bleiben macht die Wehwehchen und die Schwere. Kein Weg ist zu lang, zu weit, zu weit weg. Jeder Weg ist da und beginnt bei dir. Geh diesen Weg und sei im Fluss. Unterbrich ihn nicht und halte nicht fest. Fühle deine Wege und entscheide dich. Keiner kann dir vorgeben und sagen, was du machen sollst. Die Vögel, sie fliegen. Geh du deinen Weg. In diese Richtung und auch mal in die andere und sei frei, diese Richtung auch wieder zu ändern. Du musst nicht festhalten, an diesem oder an jenem. Geh und genieße dein Leben. Hab keine Angst, etwas loszulassen. Es kommt immer wieder vielfach zu dir zurück. Quäle dich nicht im Leben. Genieße und sei frei. Lass die Schwere los und lass die Freude in dein Leben einkehren. Ändere. Lass fließen und geh deine Wege.

Ich liebe dich. Vywamus. Sei gegrüßt und lebe den Frieden in dir.

Neue Schritte

Ich bin Vywamus und ich bin da. Neubeginn. Neue Wege gehen und diese neuen Wege tun sich nun auf. Deine Erfahrungen sind zu machen. Alles ist gut. Es ist schwer für dich, eine Entscheidung zu treffen, wobei du denkst, du verletzt andere. So ist es nicht. Du bist frei, deine Entscheidungen zu leben. Lebe deine Entscheidungen. Lebe dein Leben. Am Ende musst du für dein Leben geradestehen. Am Ende hast du es gelebt oder eben nicht. Entscheide jetzt, was du leben möchtest. Lebe, lebe, lebe. Sei du selbst. Gib dich dem Leben hin und sei eins mit dir und deiner Situation. Diese leitet dich an, deine Schritte zu gehen. Es ist wichtig, dass ihr euch ein Leben kreiert, in dem ihr euch wohlfühlt, um in Liebe wachsen zu können. Hin zum Licht. In einer vergifteten Atmosphäre ist es nur sehr schwer möglich. Schaffe dir deine Wohnsituation im Licht, damit du leichter Licht bist. Nichts spricht dagegen.

Was lässt euch an Plätzen verweilen, an Plätzen wohnen, die ihr nicht mehr loslassen könnt?

Erschaffe dir ein Zuhause ohne Konflikte und es wird dein Zuhause sein. Ohne Traurigkeit. Ein Zuhause in Liebe. Die Wege stehen dir offen und du kannst wählen.

Zwischenmenschliche Liebe kommt und geht. Wenn es sich so verhärtet hat, gibt es nur einen Weg. Wer will zwischen verhärteten Fronten leben? FREIHEIT. Alles in euch schreit danach und keiner lässt den anderen frei. Festhalten, nicht loslassen wollen. All das kreiert Leiden. Denke nicht darüber nach. Wenn es Zeit ist zu gehen, sollte man gehen, um Leiden und Krankheit zu vermeiden. Es gibt viele schöne Plätze. Es gibt viele schöne Situationen, die du noch erleben darfst. Lass dich nicht nach unten ziehen. Bleib in deiner lichten Höhe und höre auf deine Seele. Diese hat dir viel zu sagen und du darfst ruhig hinhören. Diese möchte eine entspannte Situation als Lebenssituation. Es gibt keinen richtigen Zeitpunkt. Es ist immer der richtige Zeitpunkt. Jederzeit. Du kannst deine Entscheidung jederzeit machen. Gehen. Wir geben dir Hilfestellung. Du möchtest wissen, was das Richtige ist. Das Richtige ist jetzt. Alles ist richtig. Nichts ist falsch. Harmonie, Frieden, Liebe. Freisein. Verständnis. Achtung. Du bist Licht. Du bist Liebe. Du hast dich entschieden, Licht und Liebe zu sein und zu verbreiten.

Du bist hier und du lebst in diesem System. Mit diesem System. Schuld gibt es nicht. Alles ist Liebe und alles ist gut. Es gibt keine Schuld und keinen Besitz. Es ist alles in Ordnung. Es wird dir an nichts fehlen und es wird deine Zukunft nicht beeinflussen. Sei Liebe und bleibe Liebe und das System wird dich nicht beeinflussen. Es hat dich nicht in der Hand. Egal, was auch passiert, du bist Liebe und in dir ist Liebe. Und du bist diese wundervolle Energie und du verbreitest Frieden auf dieser Erde. Nichts anderes ist zu tun. Und nichts anderes ist wichtig. Lebe dein Leben in Licht und Liebe und vertraue darauf, dass alles gut ist. Es ist alles in Ordnung. Egal, wie du dich entscheidest. Es ist alles in Ordnung. Es gibt nur dieses weiße Blatt Papier. Alles andere ist euer Spiel. Eure Bühne. Ihr kreiert und habt Spaß daran. Ihr erschafft und stellt euch oft dagegen. Nimm an, egal was passiert. Wenn du so willst, ist es deine Kreation, die du in die Welt gesetzt hast. Und diese ist. Ohne Angst. Was willst du in Zukunft machen? Was ist deine Berufung? Liebe zu verbreiten. Liebe in alle Bereiche fließen zu lassen. Mit Liebe zu arbeiten und Liebe fließen zu lassen. Dein Sein ist unser Wirken. Unser Wirken hier auf diesem Planeten durch viele die Liebe fließen lassen. Frieden verbreiten, damit Frieden entstehen kann. In jedem Einzelnen und in vielen und auf globaler Ebene. Frieden. Nur noch Frieden und Licht und ein Leben ohne Hast und Eile und Geldgier. Jeder hat, was er braucht. Du spielst im Außen, einmal spielst du gut und einmal schlecht. In dir drinnen ist immer Friede. Keiner ist schuld. Alles ist gut. In dir ist Frieden und dieser Frieden breitet sich aus. Du bist Licht. Nichts wird dich in Armut stürzen, du bist Licht und du bist Liebe und du hast immer alles, was du brauchst. Und mehr braucht es nicht. Fang nicht wieder an zu spielen und zu kreieren im Außen. Zwang, Unfreiheit und Starre entsteht dadurch. Lass fließen. Und wenn du Geld abgeben musst, wird es auch wieder zu dir zurückkommen. Wenn du ausziehst, kommt eine Wohnung auf dich zu. Wenn du etwas weggibst, kommt es wieder. So ist es und so ist es immer gewesen. Gebe und es wird dir gegeben. Du holst dir alles wieder. Aus der Liebe heraus, die du bist. Es wird immer genug sein. Halte nichts fest, lass es fließen und vertraue darauf, dass alles was weggeht, in einer anderen Form, zum Guten, wieder auf dich zukommt. Trauere nichts und niemandem nach, denn du weißt nie wozu es gut ist, dass die Dinge so geschehen, wie sie geschehen. Und wenn du Liebe bist, ist es immer zu deinem Guten. Du kreierst nichts anderes mehr als Gutes, als Liebe. Fließe mit dem Leben und vertraue auf dich. Du bist beschützt und geborgen. In diesem Frieden kann dir nichts geschehen. Du brauchst dich über nichts zu ärgern.

Lasst euch ein auf dieses Abenteuer, euer Leben zu leben, so wie eure Seele euch führt. Seid umarmt und unendlich geliebt, Vywamus.

Die Weiße Bruderschaft spricht

Eure Zukunft beschäftigt euch sehr. Ihr möchtet wissen, was geschieht. Welche Veränderungen es geben wird, auch in eurem Privatbereich, oder bleibt doch alles beim Alten? Natürlich gibt es einige Menschen, die euch dabei helfen können und euch Ratschläge geben und Wahrscheinlichkeiten aufzeigen können. In Liebe ist das möglich. Ihr könnt auch direkt Kontakt zu eurer geistigen Welt aufnehmen und mit euren Geistführern sprechen und eure Fragen stellen. Aber auch wir können euch nicht den genauen Weg beschreiben, den ihr gehen sollt. Ihr habt immer die Wahl, selber zu entscheiden, was ihr tun möchtet. Es wird immer deine Entscheidung bleiben. Und es gibt kein Richtig oder Falsch. Alles ist gut. Dir geht es nicht gut hier und trotzdem bleibst du. Es ist deine Entscheidung. Wir sagen dir immer wieder, geh oder bleib. Es ist nicht von Bedeutung. Warum ist es nicht von Bedeutung? Weil du deine Lernaufgaben so oder so bewältigen wirst. Du wirst alles, was du hier nicht fertig machst, woanders wieder auf den Teller bekommen. Welche Kulisse, welche Bühne du dafür wählst, ist nicht von Bedeutung. Welche Gegenspieler eher schon, aber es gibt genug davon. Du fragst dich nun, was denn dein Lernthema bei dieser Angelegenheit ist. Wir dürfen dir nicht helfen. Sonst hast du es ja nicht gemeistert. Du wirst es selber lösen dürfen und kein Geringerer als dein eigenes Herz wird dir die Richtung zeigen. Lass es fließen und geschehen. Du wirst deine Handlungen setzen, und wenn nicht jetzt, dann eben später. Zeit ist nicht. Du fängst an, mit deinem Wissen nach außen zu gehen, und sammelst auch in diesem Bereich deine Erfahrungen. Egal, wie es ausgeht. Es ist schön, wenn du weitermachst damit. Wichtig für dich ist nur den Weg, den du dir vorgenommen hast, zu gehen. Und wenn du länger als dieses Leben dafür brauchst, ist es auch gut. Jeder ist für sich selber zuständig und wir akzeptieren alle Entscheidungen. Mag sein, dass du dir dadurch wieder neue Lernthemen erschaffst. Wenn du das nicht möchtest, werden wir dich sanft darauf hinweisen und auch dein Herz wird dir immer wieder Bescheid geben.

Du bist dabei, alle alten Beziehungen zu heilen. Zu heilen, was noch offen und in Vergessenheit geraten war. Wir sagen nicht, dass es leicht ist. Es ist, was es ist. Ein Weg raus aus der Enge, der niedrigschwingenden Materie, rein ins Licht. Das ist dein Weg. Eine Vorreiterrolle zu übernehmen, was Ernährung, Kräuterwissen und Heilung anbelangt. Erst du und dann die anderen. Du bist noch etwas unbeholfen, dein Wissen nach außen zu tragen. Es geschieht von ganz allein. Es braucht keine Anstrengung. Fließe mit und erzähle deine Gedanken. Wir werden dich führen. Kannst du dich fallen lassen und vertrauen? Öffne dich unserer Führung. Wir, die Weiße Bruderschaft, wir möchten dich unterstützen. Wir warten hier und werden dich empfangen. Du bist eine von uns. Vywamus ist immer bei dir und hilft dir auf deinem Weg zurück zu uns. Lebe dein Leben unabhängig von den äußeren Bedingungen. Dazu hast du jetzt die größte Chance. Spiegle dein Licht und sei unberührt von den Bühnenszenarien rund um dich. Deine Stärke ist deine Leichtigkeit. Niemand will dir etwas Böses. Jeder hilft dir, dich ganz zu finden. In dir selber. Deine Stärke zu leben. Dein Sein ist wunderbar und grenzenlos. Ja, so ist es. Das ist die Wahrheit. Deine Lernerfahrung hast du wohl gebraucht. Diese zu lösen, steht nun an. Zwei Erfahrungen, eine Lösung. Wir lieben dich. Du wirst immer selber wissen, was das Beste für dich ist. Fühle, spüre dich in deinem Herzen, spüre die Möglichkeiten in deinem Herzen und entscheide nach deinem Fühlen. Aus der Liebe heraus.

Atme und nimm wahr die Liebe um dich herum. Es ist nichts wichtig im Außen. Nur der Frieden in dir. Dieser ist immer da. Ganz egal, was im Außen ist. Du bist Frieden.

Wir lieben dich.

Aufbruch ins Licht

Ich bin Vywamus und die Botschaft ist einfach:
Du bist Licht und im Sein bist du Liebe.

Ja, du bist einen weiten Weg gegangen bis hierher. Nun, alles ist in Bewegung, die Veränderung passiert jeden Tag, jede Stunde, jede Minute. Nimm alles an, genauso, wie es ist. Es ist Leben. Es ist Liebe. Die Freude in allem ist das Leben selbst. Du bist nun den Schritt gegangen, den Schritt raus aus dem Schlamm, zu mir. Zu uns Lichtwesen. Nun bist du ein wenig mehr angekommen bei uns. Fühlst du es? Du bist. Du bist Licht, du bist Liebe. Du bist bei uns. Du bist alles, was du zu sein hast. Du weißt, wer du bist und woher du kommst. Noch ahnst du nur, doch im Grunde ist das Wissen schon angelegt in dir. Von nun an bin ich immer bei dir, so wie du es gewählt hast. Wir sind Geschwister seit ewig langer Zeit. Ich bin Vywamus, dein Bruder, der so lange vergangenen Tage. Meine Schwester, ich bin so stolz auf dich! Du bist zur Erde gegangen in einer sehr schwierigen Zeit. Du hast so vielen Menschen beigestanden, den Weg zurück zum Licht zu finden, und bist dann selbst in das Rad der Wiedergeburt gerutscht. Nun hast du auf schnellstem Weg, den Weg zurück zum Licht gefunden. Du erinnerst dich an vieles. Lass es zu. Sieh hin. Sieh dir die Geschichten an und schreibe einige auf, wenn du möchtest. Du bist, was immer du bist, und das ist alles was zählt. Du gehst den Weg der Liebe und das ist der Weg des geringsten Wiederstandes. Der Weg, der durch Freude gekennzeichnet ist, der Weg, der frei ist, der in die Freiheit, in dein Frei-Sein führt. Die Enge in dir ist gebrochen, aufgebrochen. Du nimmst die Weite wahr in dir. Das weite Sein in deinem Herzen. Liebe ist das, was du bist. Ich bin Vywamus und ich bin bei dir seit Anbeginn der Zeiten. Du kommst zurück ins Licht und wir kommen gemeinsam zurück zur Erde. Dieses Mal aber, ohne unser Wissen zu verlieren, mit all unserem Wissen und all der Weite, ohne in das Rad der Wiedergeburt abzurutschen. Wir kommen zurück zur Erde, um den Frieden zu verbreiten und einziehen zu lassen in all die Herzen. Der Friede ist dein Weg, ist deine Aufgabe, ist dein Lebensweg. Bring Frieden in alles, was du tust, in alle Menschen, in die Erde. Sei du der Friede selbst, der sich lebt. Du bist Licht und du bist bei uns. Hier sitzt der Rat der Zwölf vor dir und schickt dir seine Kraft und Energie und hebt deine Schwingung an. Du kannst es fühlen. Du spürst hinein in die Kraft und sie durchströmt deinen ganzen Körper. Du bist eingetreten in die Dimension des Fühlens. Du bekommst eine Art „Diplom“ überreicht, eine Anerkennung vom Rat der Zwölf. Nun bist du bereit, deine Energie zu halten, du kippst nicht mehr so wie in vergangenen Zeiten. Du hast eine gute Strecke deines Weges geschafft. Nun lebe dich so, wie es deine Freude ist, und nimm dieses Gefühl des Friedens, die Liebe und die Freude überall hin mit.

Fühle dich und fühle die Liebe, die du bist. Fühle den Frieden in dir. Aus diesem Frieden in dir kann alles entstehen. Nur aus deiner inneren Ruhe heraus entsteht wahre Größe.

Vywamus ist eine Wesenheit der anderen Dimension. Ein aufgestiegener Meister, der seine Meisterschaft auf anderen Ebenen erlangt hat und nie so tief wie die Menschheit hinabgestiegen ist in das Reich der Dualität. Ein Botschafter des Friedens, der Friedensstationen hier auf der Erde errichtet. Er hat es sich zur Aufgabe gemacht, die Menschheit mit seiner Energie hier und jetzt zu unterstützen, und ist jedem nah verbunden, der mit ihm in Kontakt treten möchte. Ganz besonders liegen ihm seine Freunde und seine Familie aus fernen Zeiten und Welten am Herzen.

Du bist eine davon. Du bist die Schwester des Friedensapostels. Du bist in tiefer Verbundenheit mit Vywamus.

Die Friedensstation, die du hier verankerst, ist in dir. Hör auf zu kämpfen und mit Worten verändern zu wollen. Lebe den Frieden, den du in deinem Herzen verspürst. Lebe die Liebe und akzeptiere die Bedingungen im Außen, liebe sie und löse sie damit auf. Alles wird anders kommen, als es jetzt scheint. Alles ist Veränderung. Ich freue mich auf den Tag, an dem wir wieder vereint sind, im vollen Wissen, wer wir tatsächlich sind. Liebe, meine Schwester, liebe und es wird sich dein Weg zeigen. Ich möchte dir danken, dass du diesen Weg hier auf der Erde mir vorausgehst und mich an deinen Erfahrungen teilhaben lässt. Natürlich kann ich hier auf meiner Ebene alles viel besser überblicken, ich darf dir aber nicht mehr sagen, als ich es tue. Ich darf dir nicht sagen, wie dein Leben weiter verläuft, wenn du dich so oder so entscheidest, und im Grunde weißt du es ja selber. Du bist eine tolle Kriegerin des Friedens und nun ist die Zeit der Krieger vorbei. Frieden braucht keinen Krieg mehr, um wahrgenommen werden zu können. Wir Friedensapostel bringen Frieden ohne Kampf. Wir sind und strahlen Frieden aus. Ich bin hier und ich bin bei dir, genauso wie du da bist und gleichzeitig bei mir. Leben ist mit vielen Herausforderungen verbunden. Deine Herausforderung jetzt ist, Friede zu sein, auch wenn im Außen Kampf ist. Bleibe ruhig, bleibe Frieden, strahle Frieden aus. Ich bin bei dir, Vywamus.

Entscheidungen

Sei gegrüßt, meine liebe Schwester! Ich freue mich, dass du bei uns bist. Du bist noch gefangen im Erdenleben, in den Ereignissen und Geschehnissen der vergangenen Tage. Lass alles fließen und seinen eigenen Weg finden. Entscheidungen sind wie ein Fluss, wie ein fließendes Wasser, das sich teilt und wieder zusammenfindet und wieder aufteilt. Es fließt und es kommt und es geht. Entscheide dich, probiere aus. Und entscheide dich neu. Entscheidungen sind wie kleine Kügelchen. Sie rollen herum und sie gehen ihren Weg und doch bleiben sie irgendwann stehen. Dann ist es Zeit für eine neue Kugel. Du triffst Entscheidungen mit dem Verstand oder mit deinem Herzen. Es gibt unzählige Möglichkeiten, dich zu entscheiden, du siehst meist nur zwei oder drei. Grün oder blau? Eins oder zwei? Was probierst du aus? Wo führt dich dein Herz hin? Wo deine Freude? Wo denkst du, dass du glücklich bist? Du weißt, wo deine Heimat ist, wo dein Glück liegt. Was du hier im Erdenspiel entscheidest, alles ist okay. Die Erfahrungen kommen so oder so. Solange du keine Beziehung leben kannst in dieser, der neuen Schwingungsebene, solange wirst du keine Harmonie finden mit einem Mann. Schwinge dich selber ein in deine neue Energie und erwarte keine Wunder in deinen Beziehungen. Deine Zukunft liegt hier auf der Erde und sie sollte sich glücklich und freudvoll gestalten. Verändere deine Entscheidung oder lebe sie. Oder jemand anderes verändert deine Entscheidung oder deine Reaktionen verändern sie wieder. Was ist schon feststehend hier auf der Erde in dieser Dimension? Denkst du, alles fließt, nur deine Entscheidung, die krallt sich fest? Habt keine Angst vor Entscheidungen. Sie verändern sich, sie fließen, lasst ihnen den freien Lauf. Öffnet euer Herz und trefft eure Entscheidungen ohne Enge. Bleibt weit und überschaut viele Möglichkeiten und entscheidet euch für eine wie für eine Kugel und lasst sie rollen, und wenn die Richtung nicht passt, nehmt eine neue Kugel und lasst sie rollen. Keiner nagelt euch auf eine Entscheidung fest, außer ihr selber.

Wahrheit

Ich bin Vywamus und ich sage dir, die Wahrheit hat viele Wahrheiten und diese hat wieder Abertausende von Wahrheiten. Jeder hat seine eigene Wahrheit und ich kann dir einige Wahrheiten erläutern und sagen, was meine Wahrheit ist und diese zu deiner Wahrheit werden lassen. Prüfe alle Wahrheiten und fühle was richtig ist. Fühle und entscheide. Welchen Weg willst du gehen? Einmal so, einmal so und dann doch wieder so? Geh doch deinen Weg, ohne darauf Rücksicht zu nehmen, was jemand anderer erwartet oder dir sagt. Geh deinen Weg und sieh nicht zurück. Mach dir keine Gedanken über Geld. Alles Geld, das du brauchst, ist immer da. Auch der richtige Job und das richtige Umfeld. Lass dich nicht biegen und brechen für etwas, was du dir in den Kopf setzt. Träume deine eigenen Träume. Finde das Glück und die Liebe in dir. In deinem Sein. Hier bist du zu Hause, in dir. Wir lieben dich, du bist unendlich geliebt.

Nichts ist mehr wichtig für euch und so, wie es war, wie ihr es gewohnt seid. Alles ist neu hier auf dieser wunderschönen Erde und ihr habt es noch nicht ganz begriffen. Die neue Zeit ist angebrochen. Ihr braucht nicht mehr zu schlafen. Ein bisschen ausruhen ist gut und gibt euch Kraft, euch wieder zu sammeln. Ihr seid nun ständig verbunden mit den höheren Ebenen, mit der Quelle, nun ist ein bewusster Kontakt für euch immer möglich. Ihr werdet dadurch mit Lebenskraft gestärkt und genährt. Ihr braucht weniger Schlaf und weniger zu essen. Ihr seid nicht mehr abhängig von Zeit und Raum und doch seid ihr noch darin gefangen. Es sind eure Gedanken, die sich erst an das Neue zu gewöhnen versuchen. „Es geschehe nach eurem Glauben." Dieser Satz tritt jetzt in Kraft und es geschieht, was ihr denkt und glaubt. Glaubt ihr an Zeit und Raum, seid ihr darin gehalten. Glaubt ihr daran, Schlaf zu brauchen, braucht ihr ihn. Es ist nun die Zeit angebrochen wo ihr immer schneller manifestiert. Eure gewohnten Gedanken halten euch noch in der alten Zeit. Immer mehr wird aufbrechen, was jetzt Wirklichkeit ist. Seid bereit, seid offen. Hört genau hin, hört genau auf euer Herz. Geht diesen Weg des Herzens, es ist der Weg der Seele in die Einheit von allem, was ist. Natürlich nehmt ihr das Wissen mit, das ihr auf so leidvolle und schmerzvolle Art gesammelt habt. Es bleibt für immer in eurer Erinnerung und ist euer Motor in das Neue. Harmonie, Einheit, Frieden, Freiheit, Liebe erwarten euch. Wir erwarten euch. Ich bin Vywamus und erwarte euch hier in meiner Ebene des Seins. Sie ist nicht so viel anders als eure Ebene. Sie ist nur etwas lichtvoller, heller, harmonischer, größer, weiter und viel wundervoller, als ihr es euch noch vorstellen könnt. Es ist ein Leben, angebunden an das große Ganze. Ein Wissen, woher man kommt, wer man ist und dass alles eins ist und man nie getrennt ist. Alles, was wir brauchen, steht zur Verfügung, es braucht nichts getan zu werden, damit wir am Leben bleiben. Alles ist Leben. Alles Sein ist Leben. Wir sind nie getrennt vom Leben. Wir sind auch nie getrennt von der Liebe. Einheit ist immer und überall. Alles in unserer Ebene strahlt durch die Liebe und es gibt nur gute Gefühle. Wir helfen denen, die noch am Weg hierher sind. Wir genießen das Leben, die Liebe, die Harmonie, die Schönheit des Augenblicks und der Unendlichkeit. Wir reisen, wo immer wir hin möchten, und wissen, dass doch in jedem Augenblick alles enthalten ist. Ich bin hier bei dir und gleichzeitig genieße ich den wunderschönen Blick in die Unendlichkeit des Universums und gleichzeitig erschaffe ich Leben. Ja, wir erschaffen Ebenen des Lebens. Wir erschaffen Erfahrungen abseits unserer Seinsebene von Liebe und Harmonie. So wie eure Ebene erschaffen worden ist und immer noch erschaffen wird. Ihr seid Aspekte unseres Seins und wir sind ein Teil von euch. Gebt uns eure Hand und wir führen euch in unser Sein. Lasst alles was nicht in Harmonie ist, abfallen von euch, geht und bleibt im Gefühl der Liebe und liebt alles, was ist. Gib mir deine Hand und ich halte dich und führe dich hierher zu mir. Du kannst das Sein, in dem ich mich bewege, fühlen. Du fühlst die Harmonie und die Liebe, die Einheit aller Dinge. Und doch ist es nur eine

Ahnung dessen, was ich wirklich fühlen und spüren darf. Wir sind alle Dinge, und Leben ist ein Experiment. Ein Wimpernschlag, ein Traum im Traum im Traum. Leben ist Erschaffen, ein ständiges Erweitern und Verändern. Alles, was ist, ist ein Teil von Gott. Weil es nur Gott gibt. Nur die Liebe gibt. Ihr habt die Gelegenheit gehabt, Dualität in allen Facetten leben zu dürfen. Und ihr habt nichts ausgelassen. Ihr habt alles gründlich ausprobiert und erfahren und gelebt. Nun ist es an der Zeit, heimzukehren in die Einheit aller Dinge, in alles, was ist. Und zu erfahren mit dem Wissen der Ganzheit der Dinge, was Harmonie und Einheit wirklich ist. Wir warten hier auf euch, um euch zu empfangen und euch aufzunehmen hier in unserer Seinsebene und euch zu zeigen, wie Leben hier möglich ist. Bittet darum und wir zeigen es euch. Auch in eurer Ebene ist es nun möglich, euch zu erheben und Liebe zu leben und wie ein Licht durch die Dunkelheit zu strahlen und einen lichten Weg aufzuzeigen und ihn gangbar zu machen für all die anderen Wesen. Und wir danken euch unendlich dafür, dass ihr uns in unserer Arbeit unterstützt und uns zeigt, dass unsere Arbeit Früchte trägt und in die Welt hinausgetragen wird. Wir lieben euch.

Jeder hat seine eigene Wahrnehmung. Jeder hat seine eigene Wahrheit.

Ich bin Vywamus und ich darf dich darauf hinweisen, dass alles, was du bist, du bist. Alles ist und alles wird ewig sein. Gedanken kommen und gehen, fließen. Sie fließen, sind weg und wieder da. Das Leben ist und beginnt und endet und ist wieder da. Alles, was du denkst, ist. „Achte auf deine Gedanken", das habt ihr schon oft gehört. Ich bin Vywamus und ich sage dir, du denkst zuviel. Du möchtest zuviel kontrollieren. Lass es fließen, das Leben und die Gedanken, halte nichts fest. Kontrolliere nicht. Sei einfach nur du. Was geschieht, wird sehr schön sein. Du kannst es nicht beeinflussen, du musst es nicht kontrollieren. Lass es geschehen. Es findet seinen Weg und kommt zu dir. Es wird dich erreichen. So oder so. Lerne, dich dem Leben hinzugeben, ohne aktiv zu beeinflussen. Du musst natürlich Dinge aktiv in deinem Leben gestalten. Doch die Liebe, die fließt. Wenn du kontrollierst, ist es keine Liebe mehr. Kontrolle ist das Gegenteil von Liebe. Es wird zum richtigen Moment geschehen.

Alles Leben ist. Es ist und aus diesem Leben entsteht wieder Leben. Leben endet nicht. Leben beginnt und beginnt und dreht sich bis in alle Ewigkeit. Der Begriff für die Unendlichkeit. Des Allseins, das ist. Du bist ein Teil von Leben. Ego ist ein Teil von Nichtsein. Von Erfindung und Illusion. Leben ist und bleibt, ist Teil deiner Seele und wird nie vergehen. Was ist zu tun in deinem Leben, das als Illusion gelebt wird? Illusion des Seins. Du nimmst es als wahr und Wahrheiten gibt es viele. Jeder hat eine andere Erinnerung an die gewesenen Dinge und nimmt diese als wahr. Doch Leben ist viel mehr, viel umfangreicher als die Erinnerung, die ihr habt, und die Zukunft, die ihr wünscht. Leben ist genau das, was du in diesem Augenblick fühlst. Frei von allen Zwängen und Ängsten. Das Sein, in Liebe gehüllt und ein Wahrnehmen von Freude. Ihr glaubt, Leben ist, was das Ego sieht und euch vorgaukelt. Diese vielen wichtigen Dinge, die Ihr glaubt tun zu müssen, weil sonst eure Welt untergeht. Nichts davon ist wahr. Du wirst immer leben, egal was passiert. Du bist immer ein Kind Gottes, egal was du tust. Es ist gar nichts anderes möglich, als ein Kind Gottes zu sein. Ein Kind der Liebe. Der Einheit. Der Freude. Wie leben die Menschen? Ist es wichtig, dass du von deren Ego geliebt wirst, von ihnen als Illusion des Lebens? Wahre Liebe einem Menschen gegenüber, das können nur wenige. Diese Liebe zu fühlen, ist großartig. Für dich, sowie für den anderen Menschen. Es öffnet diesen Menschen für eine andere, eine neue, großartige Liebe.

Aktuelle Situation

Nun wollen wir ein neues Kapitel aufschlagen. Ich bin Vywamus und ich habe euch viel zu sagen. Vieles ist schon gesagt, aber nicht richtig verstanden worden. Darum wiederholen wir es immer wieder, in anderen Worten, in anderen Schwingungen, aber es ist das gleiche Thema. Vieles ist noch nicht gesagt worden, da die Zeit dazu noch nicht reif war, wie ihr so schön sagt. Nun, die Zeit ist jetzt reif, um Neues zu sagen und in die Herzen jedes Einzelnen von euch zu bringen. Euer Leben auszurichten auf die Liebe, die ist. Die Stille in euch. Die Liebe, die es zu leben gilt. Wir verwenden die Wörter, die den Weg zu euch finden, die Wörter, die ihr verstehen könnt. Doch gibt es so vieles mehr, was eher als Gefühl beschrieben werden kann, als dass es ein Wort dafür gäbe. Das alles möchten wir nun zu euch tragen. Durch Worte Gefühle erzeugen und dadurch ein Verständnis für das Gesagte zu entwickeln. Wir schreiben dieses Buch, damit ihr in der Schwingung aufsteigt und das Gesagte richtig aufgenommen werden kann. Atmet und macht euch innerlich frei. Während wir diese Worte schreiben, herrscht draußen ein Wind, ja, fast ein Sturm fegt über das Land und so stürmisch sieht es auch bei einigen von euch im Innern aus. Atmet und nehmt wahr die Ruhe in euch. Egal welcher Sturm über euch hinwegfegt, die Ruhe in euch ist immer da. Und während wir hier atmen, beruhigt sich auch der Sturm draußen. Tief in euch gibt es keine Angst, keinen Sturm. Hier ist nur Ruhe und Frieden. Findet diesen Frieden in euch und lebt diesen Frieden auch im Außen. Morgens beim Aufwachen atmet und spürt diesen Frieden in euch und auch abends beim Einschlafen. Dieses in euch Hineinhorchen befreit euch, es macht euch frei. Ihr merkt, wie ihr innerlich lächelt. Fühle diesen Frieden sich ausbreiten in dir und um dich herum. Fühle, wie alles andere von dir abfällt. Befrei dich. Und lebe diesen Frieden. Was bereitet dir Angst? Erkenne die Sinnlosigkeit dieser Angst. Was nützt dir diese Angst? In dir bist du Frieden und du kannst Frieden um dich herum erschaffen. Es gibt nichts, worüber du dich sorgen musst, nichts, was eine Wichtigkeit hat, außer du kreierst dir eine Wichtigkeit, weil du diese leben möchtest. Und ihr habt viele Wichtigkeiten kreiert und viele Wichtigkeiten gelebt. Nun ist es nicht mehr notwendig, diese zu leben oder zu kreieren. Jetzt darf Friede gelebt werden. Natürlich durfte dieser Frieden immer gelebt werden, allerdings wollten sich viele Menschen in Wichtigkeiten verlieren und an Dingen festhalten. Seid nun bereit, diese Dinge loszulassen. Seid nun bereit, ohne Wichtigkeiten zu leben. Tut, was euch in diesem Moment Spaß macht. Lasst euch nicht mehr vorschreiben, was zu tun ist. Es ist nichts zu tun. Es muss nichts gemacht werden. Es darf einfach nur Friede gelebt werden und das, was du gerade leben möchtest. Das, was dir jetzt Freude bereitet. Eure Welt hat sich nun eine Auszeit genommen. Sie lebt nun die Ruhe scheinbar im Außen. Es fahren weniger Autos, fliegen weniger Flugzeuge, Fabriken werden heruntergefahren. Die Luft hat sich gereinigt, das Wasser wird klarer. Angst existiert nur in eurer Fantasie. Sie ist eure Erschaffung und diese muss nicht sein. Der Wind bläst die Energien frei. Die Erde kann aufatmen und sich reinigen. Wie lange werdet ihr das durchhalten? Diese Ruhe. Sehnt ihr euch wieder nach Lärm und schmutziger Luft? Lasst zu, dass die Erde sich reinigt, und reinigt auch euch selber. Atmet und bringt Frieden. Lasst los die Angst. Schaut und staunt. Staunt darüber, was jetzt möglich ist. Was jetzt passiert, ist das Bestmögliche für euch Menschen. Nicht für den Konsumrausch, nicht für die Wirtschaft, nicht für die Aktien. Es ist das Bestmögliche für dich und die Erde. Du kennst den Frieden in dir und du weißt, du brauchst keine Existenzängste zu haben. Du existierst unabhängig von den Wichtigkeiten im Außen. Dein Sein ist nicht abhängig von diesen Dingen. Dein Sein ist frei und lebendig in dir. Atme und spüre, du bist.

In Liebe und Dankbarkeit, Vywamus.

Ein Virus hat euer System befallen. Nicht nur eure Computer. Euer lebendiges System ist voll davon. Es ist die Ausgrenzung, das Bessersein als andere, es ist die Eifersucht, der Neid. Die Folge davon ist immer Angst. Und wer Angst hat, ist immer schneller empfänglich für dieses Virus und so ist es ein Kreislauf. Und so ist es an der Zeit auszubrechen. Du bist ausgebrochen und sitzt nun in der scheinbar realen Welt wieder mit einem Virus gefangen. Das, was jetzt geschieht, ist nur die Offenbarung dessen im Außen, wie ihr im Innern schon lange gelebt habt. Die Abgrenzung, die Ich-Bin-Ego-Beziehung, die ihr lebt. Rapunzel ist im Turm im Land Corona. Ist sie die Einzige, die eingesperrt ist? Es könnte auch Dornröschen gespielt werden oder Hänsel und Gretl. Ihr habt Rapunzel gewählt. Auch gut. Oder auch schlecht. Wer wertet? Es ist. Und es kommt nun darauf an, wie ihr spielt. Bleibt ihr auf euch selbst gestellt oder bildet ihr eine Gruppe in Frieden? Ihr könnt nun nirgends mehr hingehen und alle Träume, die ihr geträumt habt, können nicht mehr gelebt werden. Wie wichtig sind diese Träume? Welche Möglichkeiten stehen euch offen, jetzt zu agieren? Geht in euch. In euer Sein. Nach innen und atmet und besinnt euch auf all das, was ihr seid. Licht und Liebe. Das bist du, das ist jeder. Das Böse ist die Zeit. Durchbrich die Zeit und du bist frei. Es ist der Weg in die Freiheit. Es ist ein Tor im Verborgenen der Welt. Mut. In all den Märchen, Filmen, Geschichten, es ist immer der Mut, der siegt. Der Mut und das Vertrauen sind die Kraft. Mut zu tun und Vertrauen in den guten Ausgang. Sich selbst in den Hintergrund stellen, um etwas Größeres wirken zu lassen.

Es ist nun wichtig für euch, auch zu verstehen, was hier vor sich geht, was alles passiert. Wie lange es dauert, niemand kann das sagen. Es hängt von jedem Einzelnen von euch ab. Von eurer Einstellung, von eurem In-euch-sein, eurer Liebe zu euch und zu allem, was ist. Bist du in Liebe, so bist du geschützt. Corona will euch vieles sagen, will euch vieles zeigen, will euch vieles lehren. Corona ist nicht der Feind. Corona ist eine Chance. Die Chance, die Dinge, die nicht richtig sind, richtigzustellen. Corona wird da sein, solange ihr es benötigt, um dem Leben wieder den Sinn zu geben, den es braucht. Es ist hier, um euch zu sagen: Wacht auf und schaut hin. Schau hin, wie du gelebt hast. Schau hin und sieh, was du besser machen kannst. Hilfe wird benötigt. Über die Grenzen hinweg. Hilfe gebührt allen Menschen, gleich welcher Hautfarbe oder Herkunft. Corona macht euch zu einem Planeten. Zu einem Planeten Erde. Alle sind betroffen. Kein Land allein. Kein Mensch allein. Alle Menschen. Und es ist an der Zeit, als Einheit zu agieren. Die Einheit Mensch besteht. Sie hat sich über den gesamten Planeten ausgebreitet. Der Planet wurde ausgebeutet. Er wurde nicht geachtet als Lebensraum. Er wurde nur für den Profit benutzt. Nun ist es an der Zeit umzudenken. Die Industrie herunterzufahren. Das Leben herunterzufahren und umzukrempeln. Ja, es ist ein Umbruch. Ein Neubeginn. Ein Anfang. Nun ist das Leben mit Corona. Und danach kommt das Leben ohne Corona. Es soll ein besseres Leben entstehen. Ein sinnvolleres Leben. Ein Leben in Frieden und Harmonie miteinander, mit dem Planeten und mit dir selbst. Die Erlösung der gefallenen Engel hat begonnen. Die Akzeptanz für alles, was ist, ist nun notwendig, um in die höhere Ebene zu gelangen. Dem Geschehen einen Sinn geben. Das Leben auf die nächste Stufe stellen. Bleib in deinem Lieben, in deiner Freude. Das ist es jetzt, was gebraucht wird um die Energie höher zu schrauben. Es ist gut, wenn es dir in dieser Zeit sehr gut geht. Wenn du glücklich bist. Mitzuleiden hilft niemandem. Glück zu verteilen, ist besser. Halte deine Energie auf der höchsten Stufe, die dir möglich ist. Lass dich nicht abbringen vom Frieden in dir. Der Friede in dir ist die Voraussetzung für den Frieden in der Welt. Es braucht die 70% für den Frieden. Nicht 70%, die das Virus hatten, sondern 70%, denen es möglich ist, den Frieden in sich zu leben. Es ist also ein großer Bedarf daran, die Zahl zu steigern. Wer ist dabei? Wer macht mit? Für eine Welt in Frieden und Liebe, Zufriedenheit und Glück. Was kannst du tun? Finde diesen Frieden in dir und halte diesen Frieden in dir, jede Sekunde, jede Minute, jeden Tag. Sei dieser Frieden für dich und für andere. Steck die anderen an mit diesem Frieden.

Jeden betrifft es, viele staunen. Alle sind gespannt, warum, wieso und wozu soll es führen? Du staunst und beobachtest und siehst, was hier alles gemacht wird. Warum dieser Aufwand wegen einem kleinen Virus? Der Virus ist groß, größer, als ihr denkt und als ihr erahnen könnt, was es bedeutet. Es bedingt so viel. So viel ist zu tun und doch sollte jeder für sich selber sorgen und achtgeben auf das, was er tut, was er denkt und erschaffen möchte. Wie möchtest du die Welt sehen? Wie möchtest du diese wahrnehmen? Frieden. Schau nach draußen und beobachte. Ist nicht viel mehr Frieden auf dieser Welt, seitdem alles ruhiger geworden ist. Seitdem alles leiser geworden ist? Sind nicht mehr Vögel wieder da und auch Bienen? Wie gut tut es eurer Welt, einmal ohne diesen Lärm, diesen Schmutz und diese vielen wichtigen Dingen auszukommen? Wie gut tut es euch, einmal ruhiger zu sein und mehr zu Hause und auf euch selber konzentriert. Viele nutzen diese Chance und sehen nach innen. Viele erkennen den Frieden und die Ruhe, die im Innern jedes Einzelnen herrscht.

Schließt die Augen und atmet tief und ruhig gleichmäßig ein und aus. Atmet und spürt diesen Frieden in euch. Atmet und nehmt wahr diesen Fluss des Atems, ein und aus und diese Ruhe, die sich nun ausbreiten darf in euch und rund um euch herum. Frieden.

Öffnet nun die Augen und seht aus eurem Fenster. Wieviel Frieden hier zu sehen ist. Alles geht seinen Gang in Achtsamkeit. Es ist wie ein friedvolles Bild. Nichts ist zu tun. Nirgendwo muss man hin oder ankommen. Wir sind hier. Genau hier an diesem Punkt des Friedens in und um euch herum.

Ein kleines Virus, das die Welt lahmlegt, das Frieden einkehren lässt. Das die Wichtigkeit der Dinge verschiebt hin zum ruhenden Pol in dir. Alles entsteht aus diesem Pol in dir. Aus diesem Punkt des Friedens in dir beginnt die Schöpfung der Dinge rund um dich. Nutze diese Zeit und komme zur Besinnung. Früher war es die Adventszeit, die Fastenzeit, die Zeit, wo weniger zu tun war, um zur Ruhe zu kommen. In dieser Welt, die ihr erschaffen habt, gab es diese Zeiten nicht mehr. Selbst im Urlaub musste viel los sein. Schnell dorthin fliegen, schnell noch das ansehen und wieder zurück in den Trott des Alltags. Viele hatten es schon leid. Und so habt ihr ein Virus erschaffen, damit die Welt einmal den Atem anhält. Sie schweigt. Kein Flieger ist mehr in der Luft, viel weniger Autos auf den Straßen. Abstand an den Supermarktkassen und kein Gedränge mehr. Abstand halten zu deiner Außenwelt und nach Innen gehen. Die saubere Luft ein- und ausatmen. Das ist zu tun. Wozu es führt, ja, genau dazu. Warum es hier ist, ja, genau darum. Wie lange es bleibt? Es hängt von jedem Einzelnen von euch ab. Sich selber im Innern erkennen und die Außenwelt wahrnehmen als das, was sie ist. Ein Spiegel deiner selbst. Nicht mehr. Eine Schöpfung deiner selbst. Fühle diesen Frieden in dir und du weißt, dass dein Außen nicht wichtig ist. Ein schönes Bild, nicht mehr. Es wird so lange bleiben, bis die Welt die richtigen Werte wiedererkennt. Bis jeder einzelne Mensch die Wichtigkeiten loslässt und sich auf die inneren Werte besinnt. Und dann ist die Zeit gekommen, das Außen so zu kreieren, wie ihr es in euch erträumt. Ohne verschmutzte Luft, REIN. Ohne Lärm, LEISE. Ohne Konsum, ZUFRIEDENHEIT. Ohne Besserwisserei, WISSEN. Ohne Kampf, FRIEDEN. Ohne Streitigkeiten, LIEBE. Ohne Angst, GLÜCK. Ohne Krankheit, GESUNDHEIT. Ohne Leid, FREUDE. Du kannst die Liste vervollständigen, ganz nach deinen Vorstellungen. Dann seid ihr gefragt, euer Inneres im Außen zu verwirklichen. Eure Welt zu erschaffen in Frieden, Freude und Glück. So ist es. Wir lieben euch und sind unendlich dankbar für euer Sein. Für die Veränderung, die jetzt stattfinden darf. In tiefster Liebe und Dankbarkeit, Vywamus.

Ich möchte hier die erste Botschaft aus dem Jahr 2014 einfügen, die ich erhalten hatte, um diese an alle Menschen weiterzuleiten.

Botschaft 2014

Ich bin Vywamus. Liebe ist, was es braucht. Ich bin gekommen, euch auf ein ganz bestimmtes Ereignis vorzubereiten, das in naher Zukunft stattfinden wird. Ein Ereignis, wie es als solches noch nie hier auf der Erde stattgefunden hat. Atlantis wurde zerstört, Lemurien wurde zerstört, viele Hochkulturen kamen und verschwanden. Die Erde ist um einiges älter, als ihr annehmt, und seit ewigen Zeiten bewohnt. Ja, auch die Drachen waren hier und haben viel Gutes hinterlassen. Hier werden noch Funde gemacht werden, die euch in größtes Erstaunen versetzen werden! Ja, und jetzt wird die Spirale der Abwärtsbewegung die Richtung ändern und sich wieder Richtung Licht drehen. Nach und nach wird mehr Licht durchdringen und alles überschwemmen mit Licht. Einige sind schon gut vorbereitet, andere weniger. Lasst euch ein auf das Neue, gestaltet bewusst den Übergang mit. Stellt euch nicht gegen die Ereignisse. Nehmt sie an und schaut euch an, was es mit euch zu tun hat. Warum passiert dir genau das? Warum deinem Nachbarn das andere? Was gehört in deinem Leben verändert, um mehr Licht reinzulassen? Gebt euer Ego ab, lasst alles los, was euch daran hindert, Licht zu sein. Gebt euch den Veränderungen, den Geschehnissen hin, stellt euch nicht dagegen und urteilt es ab als nicht zu euch gehörend. Alles, was jetzt passiert, will euch darauf hinweisen, wo ihr noch feststeckt, was noch losgelassen werden darf, wo die Liebe fehlt in eurem Leben. Geht rein in das Neue, lasst es zu, es wird so wunderschön sein für euch, so viel Glück, so viel Vertrauen, Wärme, Nähe, Liebe kommt auf euch zu. Das Leid wird überall dort sein, wo keine Liebe ist. Schickt die Liebe hin und das Leid löst sich auf. Es ist so einfach und doch verstehen wir euch. Ihr, die ihr mitten drinsteckt und so schwer aus euren Mustern ausbrechen könnt. Durchbrecht die Muster, öffnet euch, öffnet eure Herzen. Lasst geschehen, es passiert nichts ohne Grund, ohne Zutun eurerseits. Alles, was passiert, habt ihr selber ins Leben gerufen, in euer Leben. Liebt es, liebt euer Leben, eure Umstände, eure Arbeit. Solange das System noch funktioniert, liebt euer Tun im System. Wenn es sich wandelt - das System wird sich wandeln, dann lasst los und passt euch dem Neuen an. Liebt das Neue, das entsteht. Liebt den scheinbaren Mangel, der entsteht, liebt anstatt zu leiden. Viele ältere Menschen werden sich dem Neuen nicht hingeben können. Sie sind das alte System so sehr gewöhnt, sind so froh um Ihre Pensionen und das endlich arbeitsfreie Leben. Und nun sind sie der Illusion beraubt, dass nach dem Arbeitsleben alles gut wird. Sie haben sich ein Leben gezimmert, an dem Sie festhalten möchten. Sie sind noch nicht bereit für den Aufstieg. Eure Eltern und Großeltern werden später als eure Kinder nachkommen in die neue Zeit. Noch ist nicht ihr Moment. Viele werden noch im kranken System ihr Leben lassen, weil sie nur an diesem System festhalten möchten. Ich bitte euch, versteht ihr Verhalten, achtet es, liebt es. Jeder hat seine freie Wahl getroffen und trifft sie in jedem Augenblick, ob er mitkommt in die lichte Welt. Eure Kinder haben die Wahl schon vor der Geburt getroffen. Sie werden dabei sein. Und ihr lieben Lichtarbeiter, ihr habt so viel geleistet in letzter Zeit! Nun ist es auch an euch, nicht am alten System, das ihr euch kreiert habt, festzuhalten. Lasst auch ihr los und gebt euch dem Neuen hin. Viele Behandlungsmethoden greifen nun nicht mehr, da sie aus der alten Welt kommen. Lasst euch ein auf das Neue, fühlt in euch, was jetzt noch Gültigkeit hat und was nicht. Heilen funktioniert mit Liebe, und nur mit Liebe. Keine Methode, keine gelernte Schulweisheit, sondern fühlen und einlassen. Du spürst intuitiv, was dein Gegenüber braucht. Tue es. Lass nichts aus und interpretiere nichts dazu. Die Menschen brauchen eure Hilfe. Sie brauchen eure Hilfe, um sich selbst zu heilen. Leitet sie an, in die Selbstermächtigung zu kommen.

Du denkst, das ist nichts Neues. Du hast das schon gehört und weißt, dass sich vieles verändern wird. Ja, und nun ist es an der Zeit, ALLE Menschen zu informieren. Allen Menschen auf diesem Planeten die Hilfe anzubieten. Auch die letzten sollen die Botschaften erhalten. Helft zusammen, tragt euer Wissen in die Welt. Verfallt nicht ins Leid, bleibt in der Liebe. Auch wenn es noch so düster um euch herum aussehen mag. Die Liebe lichtet alles, vertreibt die Dunkelheit, die Traurigkeit, den Ärger, den Zorn.

Was geschehen wird, betrifft jeden Einzelnen von euch. Jeder wird die Wahl treffen, sein freier Wille geschehe. Die Unannehmlichkeiten werden nur kurze Zeit dauern. Je mehr ihr in der Liebe seid, desto weniger dramatisch wird es für jeden Einzelnen. Diese Unannehmlichkeiten betreffen in erster Linie deine persönliche Situation. Die Wahrheit bricht an allen Ecken ans Licht. Diese Klarheit wird viele verunsichern. Viele Dramen spielen sich jetzt schon auf Beziehungsebene ab. Wenn du es kapiert hast, der Funken gezündet hat, wenn du alles Leid loslässt und in die Liebe gehst, ist alles Drama vorbei und du bist in der ersten lichten Welt. Lass dich ein! Hör auf zu spielen, dich zu verstecken, dich in Unwahrheiten zu verstricken. Lebe klar dein Leben. Nimm es nicht wichtig, was andere sagen, was dein Partner sagt, deine Kinder. Fühle in dir. Fühle, was richtig ist, und handle danach. Wenn eine Krankheit kommt, ein Leid, eine Trennung oder eine Katastrophe, fühle dich! Was kannst du ändern? Höre auf deine innere Stimme, auf deine Seele, deinen Geist, auf die Reinheit, die du bist, und handle danach. Jede Herausforderung ist deine Chance auf ein größeres Leben im LichtSein als MenschSein.

Ihr seid so viel mehr, als ihr zu glauben scheint. Es existiert so viel mehr, als ihr zu sehen scheint. Eure Träume sind so viel mehr, als ihr zu denken scheint. Das Leben an sich ist so viel lebenswerter, hat so viel Abwechslung zu bieten. Ihr schaut viel zu wenig hin, lasst euch viel zu wenig leiten von eurem Licht in euch. Lebt das Leben aus vollem Herzen. Gebt euch hin der Lust am Experimentieren. Geht aus eurer Trägheit rein ins wunderbare Sein. Ich kann es nur immer wieder sagen, fühlt in euch, fühlt in euch, was sich richtig und gut anfühlt. Hört nicht auf euren Verstand, eure Gedanken verwirren euch. Sie sind nicht eure Gedanken. Sie kommen und gehen und beschäftigen euch den ganzen Tag. Lasst die Gedanken los. Ihr braucht sie nicht. Ihr braucht immer nur das, was jetzt ansteht. Und das, was du jetzt brauchst, wird auch jetzt da sein. Mehr als für jetzt brauchst du nichts. Du brauchst kein Bankkonto, das übergeht. Du brauchst nur das, was du jetzt gerade brauchst. Und jetzt gerade hast du von allem genug. Und morgen hast du auch genug. Und übermorgen auch. Du kannst kein Bankkonto essen. Was du brauchst, sind die alltäglichen Dinge. Du brauchst auch keinen Kleiderschrank mit viel zu vielen Klamotten drin. Wie viel davon kannst du jetzt anziehen? Ihr sammelt Geld und kauft euch davon sinnlose Dinge. Dinge, die euch befriedigen sollen, ihr geht auf Reisen. Reisen, die euch aufmuntern und erholen lassen sollen. Wie oft bist du von einer Reise erholt zurückgekehrt? Genießt die Schönheit der Natur hier und jetzt, da, wo ihr seid. Schaltet einige Gänge zurück und kommt in die Gemächlichkeit. Wenn du weniger arbeitest, hast du vielleicht etwas weniger Luxus. Na und? Wenn du kein Geld hast, weniger als kein Geld. Ja, so ist das System bei euch, ihr könnt weniger als gar nichts haben, und? Lebe und genieße das Jetzt. Was brauchst du heute? Genau das kannst du dir leisten. Lass dich nicht vom Konsumrausch mitreißen. Tausche meine Arbeitskraft gegen meine Gesundheit. Das ist euer Deal. Damit vergeudet ihr eure wertvolle Zeit. Ihr werdet im System gehalten wie früher Sklaven. Nur, dass früher die Sklaven ganz genau wussten, dass sie Sklaven sind. Heute ist das Ganze für euch ja viel verwobener. Euch wird vorgegaukelt, ihr seid frei, und dennoch schuftet jeder von euch fürs System. Zur Aufrechterhaltung der Illusion der Wirklichkeit. Ein schönes Leben mit Haus am Land, einem großem Auto und zwei Kindern. Das ist das Glück eurer Dimension. Das Glück, das nie eintrifft. Vielleicht im Außen, aber nicht im Innern. Was fühlt ihr im Innen, in euch drinnen ist es euch bewusst. Ihr macht dieses und jenes nicht für euch selber, nein, für den anderen, den Nachbarn, die Eltern, die Kindern. Komm und fühle, spüre, was würde die Liebe tun? Lässt sich die Liebe in Fesseln legen und fremdbestimmen? Nein! Die Liebe ist frei, hält frei und macht frei. Liebe deine Fesseln und sprenge sie. Löse sie und beginne dein Leben in der ersten lichten Welt, in Freiheit. Habt den Mut, aufzustehen und zu sagen „Mit mir nicht mehr“. In Liebe von dort zu gehen, wo ihr ausgenützt werdet. Und in Liebe dort zu bleiben, wo ihr sein möchtet. Du bist überall zu Hause, du kannst alles machen hier auf dieser wunderschönen Erde. Hier ist euer Zuhause. Lebt darauf, kostet das Leben aus. In Liebe und Achtung den anderen gegenüber. Lasst die Veränderung geschehen, ohne Verzweiflung und Festhalten. Geht frei und selbstermächtigt in die neue Welt, in Liebe und Frieden. Was euch dort erwartet, wird euch so in Staunen versetzen. Wir können es kaum erwarten, euch hier begrüßen zu dürfen. Seid gegrüßt.

Botschaft Frühling 2020

Neubeginn. Vieles wird nun einfacher, wird sich klarstellen. Eure Finanzmärkte werden aufgemischt und es wird vieles, was ihr jetzt kennt, nicht mehr geben. Mehr Frieden wird einkehren können, wenn ihr bereit seid, mehr Frieden zu leben. Mehr Liebe wird einkehren können, wenn ihr bereit seid, mehr Liebe zu leben. Kämpfe werden beendet. Die Waffen werden niedergelegt und Frieden breitet sich aus. Diese Möglichkeit besteht, ihr seid gefragt, diese auch zu wählen und zu leben. Jeder Einzelne für sich und dann auch im globalen Ganzen. Die Medien lenken euch ab. Es wird darauf hingewiesen, im Außen für Frieden und die Umwelt zu sorgen. Ja, auch das ist wichtig. Aber solange der Frieden nicht in euch ist, wird er auch nicht im Außen manifestiert werden können. Frieden in jedem Einzelnen und der Frieden im Außen kehrt ein. Nicht durch Krieg, nicht durch Kampf, sondern durch die Kraft, die jeder Einzelne in sich trägt, sich bewusst für die Liebe zu entscheiden, in jeder Sekunde seines Lebens.

Alles, was ihr im Außen macht, sollte eurer Freude dienen. Weisheit ist überall und kann überall wahrgenommen werden. Ein Leben im Sein statt im Ego. Das ist das Ziel eurer Reise. Kein: Ich will, sondern geschehen lassen, Liebe geschehen lassen. Du bist Liebe und du wählst, die Liebe zu leben. Lass dich nicht ablenken durch Arbeit, durch Unfrieden, durch Missmut, durch Wut. Lass es an dir vorbeiziehen und besinne dich: Du bist Liebe.

2020 hat jeder das Gefühl, es beginnt etwas Neues, Spannendes und so wird auch etwas Neues, Spannendes beginnen.

Auch für dich. Ja. Du möchtest immer führen, nicht loslassen, alles unter Kontrolle haben. Lass dich fließen. Fühle die Liebe, die du bist. Du bist Liebe. In dem Moment, wo du da bist, ist alles da, was du brauchst. Alles, was du benötigst, ist da. Die richtigen Worte sind da. Sei präsent und reagiere auf den Moment im Präsent-sein, Da-sein. Dann verstellst du dich nicht, weil du kein Spiel spielst, das du vorher geplant hast. Du bist da. Punkt, aus. Es ist ausreichend. Fühle die Situation und reagiere angemessen darauf. Nur im Fühlen, was dir oder mehreren wichtig ist. Provoziere nicht. Sei gegenwärtig in diesem Augenblick. Du hast immer nur diesen Augenblick. Merkst du? Du denkst und denkst und denkst und hast diesen Augenblick verpasst. Was auch immer du tust, arbeiten oder nicht, lebe deinen Augenblick. Du bist in Frieden, wenn du den Augenblick lebst und du kreierst nichts Neues, sondern du bleibst neutral.

Es ist nun eine verhärtete Zeit, die ihr fühlt. Die Zeit fühlt sich manchmal schwer an und lässt die Leichtigkeit vermissen. Es ist nur vorübergehend. Es löst sich wieder auf und wird leichter sein danach als je zuvor. Ich bin Vywamus und ich sage dir, alles ist gut. Es ist wunderbar und es ist alles in bester Ordnung. Bleib bei dir. Fühle dich. Liebe dich. Sei leicht in dir und lass das Außen sich erleben. Du bist in dir, mit dir in Frieden und alles, was passiert, nimmst du mit Leichtigkeit. Du nimmst die Schwere wahr im Außen und in dir bist du Leichtigkeit und Freude. Atme und nimm wahr diese Leichtigkeit um dich herum, die sich wie eine schützende Kugel um dich legt. Steig nicht ein in die Schwere der Umgebung und wenn doch, komm zurück in die schützende Kugel der Leichtigkeit. Die Situationen scheinen nun geballt auf euch zuzukommen und das erzeugt Stress in euch. Ihr habt das Gefühl, alles auf einmal erledigen zu müssen. Alles ist wichtig. Ist es das wirklich? Atme und bleib in deinem Tempo. Die Geschwindigkeit ist eine Illusion. Was geschieht, hast du schon in Bildern und im Fühlen erkannt und benannt. So oder so ähnlich ist es. Ihr steigt aus dieser Dimension in die nächste. Es ist wie ein Übergang. Die „Blase“, die erschaffen wurde, wird nun aufgelöst und ihr geht zurück auf den Planeten in die neue Schwingung. Ihr seid noch hier und lasst nun all die Schwere hinter euch, und es wird ein wundervolles Fühlen sein, wenn ihr aufgestiegen seid in die Echtzeit, soweit es diese gibt. Es ist nicht immer so leicht, mit euch über die Dinge zu sprechen, da die Wörter es nicht richtig erfassen können. Im Fühlen kann es jeder richtig erkennen. Liebe dich und lass die Negativität hinter dir. Entscheide dich in dir, mit dir leicht zu sein. Lebe dein Leben im Fühlen mit dir. Alle Dinge, die du jetzt erledigst, sind Dinge der Zeit, in der du dich jetzt bewegst. Sie mögen sich schwer anfühlen, doch das sind sie nicht. Erledige in Freude deine Aufgaben und fühle dich frei. Ich bin Vywamus und ich darf dir sagen, du bist wundervoll. Erschaffe dein Umfeld in deinem neuen Leben so, wie du es gerne leben möchtest. Du richtest dir die Dinge, wie du sie erleben möchtest. Und das ist nun wichtig. Richtet euch euer Leben ein, wie ihr es leben möchtet. Kauf dir, was du benötigst. Geld ist nur eine Energie und in der neuen Zeit wird genug von allem da sein. Lass dich ein auf ein Abenteuer. Lebe es. Du wirst sehen, in nur wenigen Wochen lichtet sich der Schleier und es wird weit und leicht sein. Es sind jetzt noch die Dinge loszulassen, an denen du hängst. Die du nicht loslassen möchtest. Und immer, wenn du dich schwer fühlst, frage dich, wo hängst du fest. Wann fühltest du dich glücklich, frei und fröhlich? Immer wenn du dein Leben nach der Freude ausrichtest, nach dem, was deiner Seele gut tut, wirst du die Leichtigkeit fühlen. Mach dir keine Sorgen um Geld oder um andere Dinge. Lass alles fließen. Die Zeit ist nun gekommen, um mit sich in Frieden zu leben. Es ist die Entscheidung eines jeden Einzelnen von euch, diesen Frieden zu leben. Entscheide dich in jedem Moment, willst du die Leichtigkeit leben oder die feste Struktur. Entscheidest du, die feste Struktur loszulassen, und gehst du in die Leichtigkeit, wird die Freude dein ständiger Begleiter sein. Dein Fühlen lenkt dich hin zum Licht. Die Kugel der Leichtigkeit um dich. Die Liebe ist dein Schutz. Es wird sich vieles ändern. Und es ist gut. Es ist, wie ihr es kreiert, und wir unterstützen euch, wo immer es geht. Fragt nach uns und wir sind da. Wir sind auch da, wenn ihr nicht fragt.

Du bist beschützt. Dein Gewissen will dir einreden, dass du das oder das nicht tun sollst oder besser nachforschen sollst. Horch in dich hinein und fühle dich. Fühle die Leichtigkeit. Es braucht kein Gewissen mehr. Es braucht nun euer euch Konzentrieren auf das leichte Leben. Macht, was euch Spaß macht. Lebt euer

Leben und richtet es auf Freude aus. Es braucht keine Rechtfertigungen mehr. Keine Verteidigung. Die harten Mauern sind gefallen und die Weite des Seins breitet sich vor euch aus. Die alten Strukturen greifen nicht mehr. Es ist nun Zeit, das Neue zu leben, umzusetzen, was schon im Kleinen da ist, die Freude zu leben und den Frieden zu festigen. Den Frieden zu verbreiten, um aus dem Kleinen etwas Großes zu machen. Es in dein Leben zu bringen und die jetzige Ebene nicht mehr wichtig zu nehmen. Lasst den Wechsel geschehen. Er passiert jetzt. Es geht nur darum, Wichtigkeiten loszulassen. In Leichtigkeit und Freude das neue Leben zu kreieren. Tu es in Freude. Erschaffe dein Leben für die neue Zeit. Sie ist da. Wir lieben euch.

In Liebe und Dankbarkeit.

Vywamus

Meine Seele spricht

Hab keine Angst, mit mir zu kommunizieren. Ich bin hier und ich bin frei. Alles ist gut. Ich bin das Licht deiner Seele und ich bin ein Teil von dir. Ich bin ein Teil des großen Ganzen. Ich freue mich, wenn du mich wahrnimmst und meine Freude spürst. Du bist der Teil von mir, der dieses Spiel des Lebens spielt. Der Teil, der bereit war, die Illusion auf sich zu nehmen und im Außen zu agieren. Im Spiel mit vielen Seelen, die ihren Teil in die Illusion geschickt haben. Wir beobachten das Spiel und können euch mit vielen Informationen dabei unterstützen, da wir nicht nur diesen Teil, sondern das große Ganze überblicken. Du hast dich etwas von mir zurückgezogen. Aus Angst, ich hätte Schaden erlitten. Das habe ich natürlich nicht. Niemand kann mir Schaden zufügen. Allerdings ist es möglich, dass du dich getrennt von mir fühlst und mich somit nicht wahrnehmen kannst. Das ist der größte Schaden, der eintreten kann. Mehr nicht. Die Seelen im Hintergrund sind sich der Liebe und des Lichtes, das sie sind, bewusst und somit geschützt. Ich bin deine Seele und ich freue mich, mit dir zu kommunizieren. Ich bin da und ich darf dich unterstützen auf deinem Weg zurück ins Licht oder vorwärts ins Licht, zu mir. Um unsere Verbindung wieder bewusst spüren und leben zu können. Deine Handlungen als Ganzes im Licht ausführen zu können. Deine Entscheidung, dich auf den Weg in Richtung Licht zu begeben, ist eine Entscheidung zurück zu unserer Einheit. Seeleneinheit. Deine weltlichen Fragen dürfen natürlich beantwortet werden. Es ist das Spiel der Zeit, das euer Leben spannend macht. Ihr wartet auf Ergebnisse in eurem Leben, auf Termine, Verabredungen, die ihr kaum erwarten könnt. Auf einen Anruf, den ihr kaum erwarten könnt. Leben ist Abwechslung. Es ist Vorfreude. Würdet ihr all die Ergebnisse im Voraus wissen, würde die Würze des Lebens fehlen, könnte man sagen. Ich als deine Seele darf dir wunderschöne Situationen kreieren und dich die Freude fühlen lassen. Vorfreude auf Situationen unterstützt die Illusion der Zeit. Daher ist die Zeit so schwer zu durchschauen und zu durchbrechen. Nicht nur die Illusion der freudlosen Ereignisse hält euch in der Zeit, sondern auch die freudigen Ereignisse, das Warten darauf. Frei seid Ihr nur, wenn ihr im Jetzt lebt. Eins mit eurer Seele zu sein, heißt, im Jetzt zu sein. Das Jetzt gibt euch die Möglichkeit, eine Stufe weiter in eurem Spiel des Lebens, einem Spiel der Illusion, zu entkommen und aufzusteigen in die nächste Stufe der Einheit. Die Einheit zu leben, ist euer Ziel. In der Einheit gibt es nur Frieden. Ohne Frieden ist es nicht möglich, diese Einheit zu fühlen und zu leben. Krieg ist Trennung. Trennung von anderen Menschen und somit Trennung von dir selbst. Die Zeit, die Ihr jetzt durchlebt, ist eine Zeit, die euch die Illusion der Trennung offenbaren kann. Es wird euch empfohlen, eure geliebten Nächsten, die krank sind, nicht zu besuchen. Diese bleiben isoliert und allein in den Krankenhäusern. Es wird euch gesagt, dass ihr eure alten Menschen nicht besuchen dürft, da ihr diese anstecken könnt und sie dann sterben. Also lasst ihr diese alten Angehörigen alleine und sie sterben einsam. Seid ihr wirklich alle Befehlsempfänger und -ausführer? Seid ihr nicht viel mehr? Lasst euch eure Entscheidungsfreiheit nicht nehmen und den Mut zu eurer Selbstbestimmtheit. Du bist Licht, ein Teil von mir, vergiss das nicht. Die Situation kann sich bessern. Wo möchtet ihr als Gemeinschaft hingehen. Jetzt ist die Zeit, in der Aufhebung der Gegensätze im Jetzt liegt die Lösung, um über die Schwelle der Zeit zu steigen und ein Leben in Einheit zu leben. Die Einheit der Seelen im Jetzt ist immer gegeben. Ist immer dagewesen und wird immer sein. In der Nichtzeit der Zeit bist du frei, dich zu leben in der Freude des Seins. Dein Licht leuchte über alle Menschen. Lass dein Licht leuchten und strahle und zeige den Menschen die Möglichkeit auf, ihr Leben selbst in die Hand zu nehmen. Sei mutig und strahle voraus. Sei mutig und setze die Möglichkeiten um, um in Frieden, Harmonie und Liebe leben zu können. Du bist Licht und du wirst nie etwas anderes sein als Licht. Was du brauchst, wird immer bei dir sein. Sei Licht im Jetzt und das ist der Übergang in die Einheit. Ich bin deine Seele und ich danke dir für deine Aufmerksamkeit und für dein Gehör. Ich danke dir für deinen Mut und den Weg, den du beschreitest. Im Jetzt ist auch der Weg aufgehoben. Es ist das Ankommen. Dort werden wir uns treffen und die Vorfreude darauf ist riesengroß. Ich liebe dich, mein Teil von mir, mein Sein im Licht, meine Einheit ist mit dir. Wir sind eins. Ich liebe dich. Ich umsorge dich. Ich versorge dich. Alles, was du benötigst, wird dir von mir gegeben, wenn du bereit bist, es anzunehmen. Dies ist mein Geschenk an dich, Jana Chlair. Ein Teil von mir ist in dir, wir sind eins. Ich ziehe mich nun wieder zurück und bin jederzeit für dich da. Ich bin immer da und ich bin Licht. Mein Sein umfasst dein Sein und wir sind beschützt. Geh den Weg der Liebe und es ist ein Weg ins Licht, in die Einheit des Seins mit mir. Ich bin da. Sei gegrüßt in unendlicher Liebe und Dankbarkeit für dein Sein und Wirken.

Alte Erde gelebt

Es braucht immer Mut, neue Wege zu beschreiten. Den Mutigen wird gegeben werden. Mut ist die Eigenschaft dieser eurer Zeit.

Was kommt auf euch zu? Eine Frage, die viele gerne beantwortet hätten. Ich bin Vywamus und ich darf euch dazu kleine Antworten geben. Dein Sein ist ein sich-ent-wickeln. Eine Entwicklung in eine Richtung. In eurer Dimension gibt es immer zwei Möglichkeiten. Doch vergesst nie, dass es nur Licht gibt und selbst die vermeintlich falsche Entscheidung von Licht getragen ist. So ist auch Corona von Licht getragen und dient zu eurer Entwicklung hin zum Licht, wenn ihr das möchtet. Es wird immer im Licht des Lebens eine Entwicklung sichtbar sein. Ein Hindernis ist da. Ein scheinbares Hindernis. Welcher Teil davon betrifft dich? Bist du krank? Ärgern dich die Maßnahmen? Ärgern dich die Politiker? Bist du gefangen in der Angst vor diesem Virus? Bist du in der „zwanghaften" Umsetzung aller Maßnahmen gefangen? Oder bist du frei? Frei, nicht darauf zu reagieren. Bist du frei in deinen Entscheidungen, dein Leben trotz all der Maßnahmen zu genießen? Das Virus ist da. Ein Leben mit Corona hat begonnen und ein Ende scheint schwer erreichbar und für euch vorstellbar. Viele sind in der Geschichte des tödlichen Virus gefangen und leben diese Wahrheit. Einige sind in der Geschichte gegen das Virus gefangen und leben diese Wahrheit. Angst hält und nährt die Geschichte. Nun kommt es auf den Mutigen an. Schließe Frieden mit dir und der Geschichte und habe den Mut, Liebe zu verbreiten. Habe den Mut, aufmerksam zu machen, dass es dazu verschiedene Wahrheiten gibt. Und zeige deine Wahrheit dazu auf: Liebe. Die Heilung für diesen Virus ist Liebe. Einen Menschen, der auf Liebe geeicht ist, wird dieser Virus nicht befallen. Liebe ist die Medizin, die Heilung. Richte dein Leben auf Liebe aus und du bist frei.

Da für euch die Einfachheit der Liebe nicht in eurem bewussten Sein ist, darf ich euch unterstützend auf die Natur aufmerksam machen. Selbst in der Nacht scheint der Mond und erleuchtet das Dunkel. Selbst hinter den dicken Regenwolken scheint die Sonne und ist immer da. Selbst in eurem Leben, wenn es auch noch so von Schwere umgeben scheint, scheint das Licht der Seele und kann gesehen werden. Ihr seid immer von Licht umgeben. Von Licht unterstützt. Alles, was es von euch aus benötigt, ist der Wunsch, euch auf Licht auszurichten und Liebe leben zu wollen. Damit richtet sich dein Weg auf Licht und Liebe aus. Und damit kommen die Hindernisse in euer Leben, um diese Kurskorrektur, diese Wegänderung vorzunehmen, um Liebe zu leben. Die Einfachheit des Seins steckt in jedem Augenblick. Jeder Einzelne von euch ist unterstützt von eurer Seele, von vielen Lichtwesen und von der Liebe selbst. Du kannst die Entscheidung treffen und dich auf den Weg der Liebe begeben. Lass dich nicht von den Hindernissen im Außen und in dir aufhalten. Nimm diese Hindernisse dankend an und korrigiere dein Verhalten. Fühle die Liebe in dir und beginne diese nach außen zu tragen und zu leben. Dies ist dein Schutz und dein Vorwärtskommen bis zu deinem Ankommen im Jetzt und in der Einheit und damit in der nächsten Dimension. Dies ist der Aufstieg.

Was erwartet euch in der nächsten Zukunft? Innerer Frieden, Äußeres Chaos. Dieses Chaos breitet sich nun aus auf eurer Ebene. Wenn ihr den inneren Frieden wahrt, seid ihr geschützt und es kann euch nichts passieren. Die Veränderungen sind nun in vollem Gang. Es dauert an. Innerer Frieden ist der Schutz vor allem, was von außen auf euch zukommt. Es wird nicht einfach sein für viele. Doch die Einfachheit ist gegeben - im Schutz der Liebe und des Friedens. Die Menschheit wird sich in zwei Lager spalten. Wie wir schon sagten, ist es für jede Gruppe die Wahrheit, die gelebt und verteidigt wird. Wir sagen euch, verteidigt euch nicht. Versucht in Ruhe aufzuklären. Euer Strahlen wird gesehen werden genau dann, wenn es am Schlimmsten ist hier in dieser eurer Erdenzeit. Es wird eins ins andere greifen und es wird nichts mehr so sein, wie es jetzt ist. Und doch wird es viel schöner sein für all diejenigen, die an das Licht glauben und die Liebe leben. Jeder wird sich entscheiden müssen, welchen Weg er einschlagen möchte. Und für die Letzten, die sich entscheiden, wird der Weg des Lichtes auch noch möglich sein. Es braucht die aufrichtige innere Absicht und die Entschlossenheit, das Dunkel loslassen zu wollen. Keine Verbitterung, warum all das passiert. Kein Groll und keine Schuldzuweisung soll geschehen. Nur ein Einlassen auf die Liebe, die du bist, und es wird der Zeitpunkt kommen, wo euch alles klar ist, was, warum, wieso. Und reine Liebe wird spürbar sein und die Erde überziehen wie eine Zuckerglasur, und diese wird alles Negative auflösen. Dies ist die Zeit, in der dies passieren darf.

Es wird noch einige Zeit dauern, in der ihr in euren Wohnungen sein könnt und scheinbar alles halbwegs normal ist. Doch das, was hinter Corona steckt, wird euch treffen, weil ihr alle unvorbereitet seid und damit nicht gerechnet habt. Dies ist eure große Chance aufzustehen, aufzuwachen und zu wissen: Du bist Licht und nichts anderes, und dieses Licht wird alles überstrahlen. Du bist nicht nur dein Körper, du bist nicht deine Wohnung und dein Besitz, du bist Seele. Ein Seelenlicht, das sich dessen bewusst ist. Schreibe es auf. Du und viele andere werden dies lesen und sie werden wissen, dass es so ist und dass es so vorherbestimmt war. Es wird nach dieser Zeit vieles besser sein, angenehmer sein. Ihr werdet wissen, dass ihr nur mehr von lichtvollen Menschen umgeben seid, und die Angst hat keine Chance mehr, euch gefangenzuhalten. Lasst das Leben, wie ihr es jetzt kennt, los. Lasst es los. Corona ist ein Verbrechen an der Menschheit, und doch muss es geschehen, um den Prozess einzuleiten und viele Menschen aufzurütteln und den innigen Wunsch in ihnen zu erwecken, ein Leben in Freiheit führen zu wollen. Ohne Arbeitsstress, generell ohne Stress, ohne Geld, ohne Werte im Außen. Ein Teilen miteinander und ein Wohnrecht für alle. Es wird so sein, dass ihr euch auf den Weg macht in den Süden, um in wärmeren Gefilden zu überleben. Nun seid ihr die Ausländer in einem Land, in dem ihr nicht willkommen seid. Hier dürfen die Ausländerfeindlichen Liebe lernen. Ihr könnt auch hierbleiben. Hört auf eure innere Stimme, was diese euch sagt, die Seele weiß, welcher Platz für euch der Richtige ist. Auf Seelenebene werdet ihr immer wissen, dass für eure Kinder gesorgt ist, auch wenn ihr räumlich getrennt seid.

Es gilt jetzt nicht mehr, Projekte zu erschaffen für diese Zeit, sondern ein Umdenken und Kreieren der neuen Zeit ist angesagt. Es ist möglich, einen Schritt voraus zu sein. Es ist nicht mehr wichtig Arbeit zu haben. Geld zu haben. Nutze die Zeit, die dir gegeben ist. Nutze diese Zeit, um genau hinzuhorchen, was die nächsten Schritte sind. Ein Winter ohne Strom. Diesen Winter wird es nur kurz sein. Die komplette Versorgung wird diesen Winter noch nicht zusammenbrechen. Dies kommt. Sei dir gewiss. Es ist nicht möglich für euch, über Internet auf das Licht aufmerksam zu machen, da dies nicht erlaubt ist und gelöscht wird. Ein Test ist ein Versuch, euch zu manipulieren. Vielfach ist dies bereits geglückt. So möchten sie die gesamte Menschheit chippen. Damit haben sie die Kontrolle über die Gefühle und Gedanken und über Leben und Tod. Ihr könnt diesen Chip unbrauchbar machen, indem ihr die Schwingung eures eigenen Körpers erhöht. Dies ist übrigens der Schutz vor allem, was auf euch zukommt. Der Körper erhöht seine Schwingung dadurch, dass ihr euer Leben auf Liebe einstellt. Dies erhöht automatisch die Schwingung des Körpers. Gleichzeitig könnt ihr auch auf Körperebene lichtvolle Nahrungsmittel zu euch nehmen und auf Alkohol, Fleisch, Kaffee und Zigaretten verzichten und viel frisches Gemüse essen. Da die Lebensmittelversorgung auf Import eingestellt ist, wird es euch auch daran fehlen. Bitte sorgt dafür, genug Gemüse anzubauen, um ernten zu können. Was passiert, wenn ihr eure Mieten nicht mehr zahlen könnt? Der Beginn des Zusammenbruchs des alten Systems. Dies sind Informationen, die ich euch gebe, um etwas vorbereitet sein zu können. Es ist nicht mehr aufzuhalten. Es wird geschehen. Wir sind immer bei euch, wir lieben euch und wir danken euch, dass ihr durch diesen Prozess geht. Liebe ist die Bindung, die Verbindung, das einzige Glied, das euch Schutz und Zuversicht gibt.

Lebt diese Liebe und seid geschützt. Hört auf eure innere Stimme und seid geführt. Lasst zu, dass Heilung geschieht auf allen Ebenen und in euch. Der Friede wird sich ausbreiten, der Frieden wird über das Land ziehen und es wird vorbei sein. Dieses Ende ist der Beginn eines neuen Zeitalters. Eines neuen Lebens hier auf dieser Erde.

Ich bin Vywamus und ich sage dir, dass du bist, was du lebst. Du lebst das Globale im Außen und überträgst es auf dein Leben. Viele Menschen erleben nun in ihrem Leben einen vollkommenen Umbruch. Einen Neubeginn. Und so wird es auch global sein. Hab keine Angst, die Dinge beim Namen zu nennen. Hab keine Angst, dich auf neues Terrain zu begeben. Neues zu fühlen. Es kommt auf dich zu, damit du sattelfest wirst im Wissen, dass wir immer, wirklich immer da sind, dich zu beschützen. Du bist im Schutz unseres Seins. Nichts, wirklich gar nichts kann dir geschehen, da du immer im Lieben, das du bist, zu deinem Sein zurückkehren wirst. Dein Sein ist hier und hier wird das Geschehen stattfinden. Der Übergang. Du weißt, dass es wahr ist, was du siehst, und du weißt, dass es wahr ist, was du schreibst. Du weißt, dass es wahr ist, was du fühlst. Diese Wahrheit können viele nicht sehen. Sie möchten es nicht sehen. Sie müssten zugeben, erst an falschen Informationen festgehalten zu haben. Sie müssten sich eingestehen, an eine Regierung geglaubt zu haben, die sie hintergeht und nur auf Profit aus ist. Sie möchten lieber das Ruder weiterhin in die Hände der Regierung legen, um selbst gut dazustehen, um ihr Glaubensbild nicht ins Wanken zu bringen. Die Regierung als Religion vieler.

Vertrauen ist hier am wichtigsten und eure Kinder werden den richtigen Weg finden. Diese Ungewissheit der Zeit ist, was die Entscheidungen etwas länger hinauszögert. Dieses Ungewisse ist auch das Umdenken und das Einbringen des Neuen. Lasst den Kindern die Freiheit, ihre eigenen Erfahrungen zu machen. Ihr eigenes Leben zu leben. Ihre eigenen Entscheidungen zu treffen. Da sein und reden und frei lassen. Das ist, was gebraucht wird.

Was wir noch zu sagen haben über die aktuelle Situation? Es ist nicht wichtig, ob du nach außen gehst. Es ist nicht wichtig, ob du Tests machst oder nicht. Es ist nicht wichtig, ob arbeitest oder nicht. Es ist wichtig, immer und überall bei dir zu sein und Liebe um dich fließen zu lassen. Liebe dich und alles um dich und das Leben. Es ist wichtig, Freude im Herzen zu fühlen. Fühle diese Freude und trage diese nach außen. Lebe dein Leben hier unter all den anderen Menschen und sei ein Licht, das unter ihnen wandelt, ohne bewusst auf deine Andersartigkeit aufmerksam zu machen. Bleibe im Verborgenen, halte dich an die Regeln, mach, was dir befohlen wird, im Wissen, du kannst alles verwandeln, verändern. Mach kein großes Aufheben um deine Andersartigkeit. Bleibe bei dir. Sei bei dir und fühle dich in jedem Augenblick. Fühle die Liebe, die du bist. Du bist Liebe, du bist Frieden, du bist Licht. Das ist alles, was zählt. Nichts anderes ist wichtig. Sei ein Licht, das leuchtet, das ist alles, was zu tun ist.

Im Außen, die Dinge, die passieren. Die gehen weiter und die spinnen ihren Weg. Ihr seid Lichter, Lichter, die strahlen und diese Dunkelheit erhellen. Je heller ihr strahlt, desto schneller wird die Masse aufwachen. Sie wird aufwachen und erkennen, dass man sie hinters Licht geführt hat. Eure Aufgabe ist zu leuchten. Damit ist es getan.

Unser Dank gebührt all jenen, die beständig leuchten. Wir umarmen euch, und fühlt euch von uns aufs Herzlichste gegrüßt.

Vywamus.

Es geht nicht mehr darum, die Vergangenheit aufzuarbeiten oder die Zukunft zu planen. Leben ist jetzt. Jetzt leuchtet das Licht in dir. Und jetzt strahlt es nach außen. Wir lieben euch.

Du fragst dich, was zu tun ist? Wie kann der Menschheit geholfen werden? Ich bin da, ich bin immer bei dir. Ich bin Vywamus und ich bin viele. Viele lichtvolle Menschen stehen hier mit dir. Es ist eine Zeit, in der die Veränderung nun schwer im Gang ist. Die Änderungen sind nun spürbar für jeden von euch. Es ist eine Zeit, in der Zusammenhalt erfordert wird. Zusammenhalt ist nicht mehr selbstverständlich. Schätzt eure Freunde. Schätzt, was ihr im Leben habt. Genießt, was da ist. Die Veränderung wird voranschreiten. Jeden Tag ein bisschen mehr. Du bist beschützt. Das bist du. Alles, was du bereits weißt und alles, was du noch wissen wirst, alles, was an Wissen gebraucht wird, wird zur rechten Zeit da sein. Das Wissen ist mächtig. Weisheit ist, was es braucht. Sei weise in deinen Äußerungen. Sei weise in deinen Taten. Wisse, du bist nicht allein. Durch Weisheit wird alles einen Wandel erfahren. Der Wandel wird einsetzen, wenn die Veränderung fast zur Umsetzung gelangt. Dann muss agiert werden. Ihr habt vieles an Weisheiten angesammelt. Nun ist es bald an der Zeit, diese in die Welt zu bringen. Noch ist etwas Zeit. Jeder hat seinen Platz und jeder wird seinen Part erfüllen. Die Erfüllung der Zeitenwende trifft ein. Manchmal werden es Menschen sein, von denen ihr es nicht erwartet hättet, dass sie agieren. Viele Menschen sind bereits jahrelang darauf vorbereitet worden, in dieser Zeit, zu dieser Wende Aktionen zu setzen. Diese werden einen Stillstand bewirken. Es wird still werden hier auf eurer Erde und dann wird der Wandel eintreten. Nach der Veränderung kommt der Wandel. Der Wandel hin zum Licht. Ein freudvolles und glückliches Leben für jeden von euch. Die Liebe ist der Zünder. Die Liebe wird den Funken für den Wandel beisteuern. Die Weisheit wird den Weg weisen. Und dann heißt es losmarschieren. Dann ist Bewegung angesagt. Bewegung in Richtung Licht für viele Menschen. Die Liebe ist auch der Schutz vor Verletzungen, der Schutz, um in Freiheit weitergehen zu können. Du suchst in deinen Gedanken das dritte Glied. Suche nicht in deinen Gedanken, suche in deinem Herzen. Es braucht die Liebe und es braucht die Weisheit. Es braucht den richtigen Zeitpunkt. Es braucht die Weisheit zu erkennen, wann der richtige Zeitpunkt ist. Und es braucht den Mutigen, der als Erster voranschreitet. Den Mutigen, der die Türen öffnet und das Böse besiegt. Liebe, Weisheit, Mut. Diese drei führen euch in die Freiheit, in den Frieden in und außerhalb von euch. In die neue Erde. Diese drei beenden alles, was nicht in Einheit fließt. Diese drei begehen den Wandel. Die Veränderung wurde eingeleitet durch

Mitgefühl, durch Empathie und durch Klugheit. Diese drei haben die Veränderung in Gang gesetzt. Nun seid ihr in dieser Veränderung und der Weg heraus wird durch die Liebe entzündet, durch die Weisheit angeleitet und der Mutige wird ausführen, was zu tun ist. Enttarnung all der Täuschungen wird die Folge davon sein. Enttarnung. Jeder wird seinen Weg finden. Das Herz eines jeden Einzelnen wird den Weg weisen, in die richtige Richtung. Nun wird der Weg des Herzens gangbar für jeden, der sich dafür entscheidet. Du bist bereit, die Weisheit und die Liebe in dir fließen zu lassen. Würde dich auch der Mut tragen, über all die schattigen Steine hinweg? Würdest du es zulassen können und Vertrauen aufbringen können um mutig genug all den Hindernissen zu trotzen um unbeirrt den Weg zu gehen? Den Weg, der nun gegangen werden muss. Bist du bereit, dich hinzustellen und deine Meinung vor der ganzen Welt kundzutun? Bist du bereit? Wer trägt die Liebe, die Weisheit und den Mut in sich? Wer strahlt die Liebe, die Weisheit und den Mut nach außen als Licht? Bist du mutig genug, die Ebene zu wechseln und im Verborgenen deine Arbeit für die Menschheit zu leisten? Bist du bereit, hier bei uns zu sein? Bist du bereit, diese Aufgabe des Mutigen auch für die Menschheit zu übernehmen? Jemand wird es sein. Und ihr werdet alle aufsehen und stolz sein auf diesen Menschen. Diesen Menschen, der für die ganze Menschheit geradesteht und einfach da ist, wenn er gebraucht wird. Du tust, was zu tun ist, und viele andere Menschen tun auch, was zu tun ist. Und so wird global etwas Großes geschehen. Der Wandel wird passieren.

Neue Erde gelebt

Das, was wir jetzt sagen, werden ist für alle bestimmt. Ich bin Vywamus und ich freue mich, hier meine Botschaft an alle senden zu können. Es betrifft die Erde und den Übergang in die neue Zeit. Viele haben diesen Übergang schon durchgeführt. Nun ist es auch für die Restlichen an der Zeit, in die neue Zeit zu gehen, die neue Erde zu bewohnen. Diese neue Erde findet neben der alten Erde statt. Jeder, der diese neue Erde bewohnt, wird nach wie vor auch auf der alten Erde wohnen. Doch wird sein Tun und Handeln von Liebe, Mitgefühl und Freude getragen sein. Damit unterscheidet ihr euch von den Bewohnern der alten Erde. Alles, unausweichlich alles, was auf der alten Erde geschehen wird, wird euch nicht betreffen. Ihr habt euch für die neue Erde entschieden und werdet diese beleben. Für jeden, der diese neue Erde bewohnt, wird gesorgt sein. Ihr werdet keinen Mangel erleiden müssen. Geht friedvoll und voller Vertrauen in diese eure neue Zeit und seid das Licht, das leuchtet. Es gibt viel zu tun. Es werden sich viele neue Möglichkeiten auftun, das Leben zu gestalten. Ihr werdet euch erkennen und ihr werdet sehen, wie viele ihr seid. Ihr seid auf der ganzen Erde vertreten und für alle wird gesorgt sein. Geht in diese neue Zeit und helft und unterstützt euch gegenseitig. Viele werden ihren alten Beruf loslassen müssen. Welche Möglichkeiten stehen euch in der neuen Erde zur Verfügung? Besinnt euch auf euer Herz und tut, was euer Herz möchte. Vielleicht möchtest du malen, du möchtest schreiben oder du möchtest anderen helfen. Vielleicht kannst du durch Gespräche gut mit anderen Menschen arbeiten, da diese nährend und hilfreich sind. Unterstützt euch in euren körperlichen Gebrechen, manche haben noch etwas aus der alten Zeit in die neue Zeit mitgenommen. Solange es Geld gibt, werdet ihr alle genug davon haben. Nehmt wahr, was wir euch dazu sagen werden. Horcht auf euer Inneres und macht die anstehenden Schritte, einen nach dem anderen. Nutzt die freie Zeit, um an euch selber zu arbeiten, um eure Schatten loszulassen und bei euch selber anzukommen, in eurer Mitte, in eurem Sein. Versucht so oft wie möglich die Liebe fließen zu lassen und ein Licht für euch selber und die anderen zu sein. Die Aufgaben werden euch nach und nach anvertraut werden. Jeder wird seine Aufgabe bekommen und jeder wird diese auch wahrnehmen. Die Kraft kommt in dem Ausmaß, wie ihr eurer Aufgabe auch nachkommt. Eure Kraft wird der Richtparameter sein. Je kraftvoller ihr euch fühlt, desto mehr wisst ihr, dass ihr richtig seid und die Aufgabe richtig erfüllt. Liebe, Friede, Glück, Harmonie, Kraft und Weisheit werden eure ständigen Begleiter sein. Euch kann in dieser neuen Erde nichts geschehen, da die Menschen nicht ohne Entscheidung dafür in diese neue Erde eindringen können. Nur die Menschen, die wirklich bereit sind, friedvoll und harmonisch zu leben, Menschen, die sich für den Weg der Liebe entscheiden, dürfen eintreten. Darum bitten wir euch, die ihr euch dafür entschieden habt, tretet ein. Kommt in diese neue Zeit und kreiert euch euer Leben so, wie es euch gefällt. Macht es spielerisch und leicht. Lebt die Leichtigkeit in eurem Leben. Manchmal werdet ihr merken, dass Menschen auf der Straße euch nicht mehr wahrnehmen werden. Ihr seid richtig. Ihr seid angekommen.

Die neue Erde wartet auf euch und sie nimmt euch auf und gibt euch Raum, euch hier zu entfalten. Die neue Erde liebt jeden Einzelnen von euch und möchte sich bedanken.

Die neue Erde spricht

Ihr lieben Menschenwesen, die sich für die Liebe entschieden haben, ihr lieben Menschenwesen, ich heiße euch herzlich willkommen in meinem neuen Erdenreich. Es wurde für euch erschaffen und es dient euch als Übergang aus dieser alten Zeit in die neue Zeit. Ich bin unendlich dankbar dafür, dass sich so viele dafür entschieden haben, diesen Weg des Aufstiegs mit mir zu gehen. Nach all den vielen, teils auch mühsamen Jahrtausenden bin ich bereit, das Spiel der Dualität hinter mir zu lassen. Ich habe viele Menschen beherbergt, ich habe viele Kriege miterlebt und auch Katastrophen, seien diese von Menschenhand gemacht oder aber auch von mir aus, um die Natur reinigen zu können. Es ist nun an der Zeit, dieses Spiel loszulassen und aufzusteigen in die nächste Ebene des Seins, die mit Spaß, Freude und Lebendigkeit gespickt ist. Die neue Erde besteht bereits und ich lade euch alle, ihr lieben Menschenkinder, euch alle, die sich der Liebe verschrieben haben ein, diese zu bewohnen, zu gestalten und mit mir im Einklang zu leben. Ihr werdet Möglichkeiten entdecken, wie ihr euch auf meiner Oberfläche fortbewegen könnt, ohne mich dabei auszubeuten und mir Schmerzen zuzufügen. Ihr werdet lernen, mit mir gemeinsam an neuen Projekten zu arbeiten. Ich werde immer anwesend sein, um mit euch zu kommunizieren und euch mitzuteilen und mich mit euch abzustimmen, ob dieses oder jenes Projekt gewinnbringend für beide Seiten durchgeführt werden kann. Das Wort gewinnbringend ist sehr negativ besetzt durch euer Leben in eurer alten Welt. Nun wird es vielleicht auch eine neue Sprache geben, wenn ihr euch dazu entscheidet. Die Liebe gibt nichts vor und sie kontrolliert auch nicht. Ihr entscheidet im Einklang mit mir, wie ihr euer Leben gestalten möchtet. Es wird sich vieles und doch auch nichts verändern. Ihr werdet bewusster wahrnehmen, dass diese alte Zeit nur mehr am Rande von euch existiert. Ihr nehmt wahr, dass ihr in einer anderen Dimension, in einer anderen Schwingung seid und von all dem Wahnsinn der alten Welt nicht mehr betroffen seid. Dennoch könnt ihr mit all euren lieben Familienangehörigen kommunizieren, euch treffen und eure Sicht der Dinge darstellen. Viele möchten lieber die alte Welt verteidigen, in der alten Welt weiterleben. Seid euch gewiss, selbst eure Lieben werden irgendwann das alte Spiel satthaben und ihr werdet wieder alle vereint sein. Also lade ich euch ein, mein neues Haus zu bewohnen, und ich bitte euch, es voller Ehrfurcht zu betreten und voller Liebe und Hingabe zu gestalten. Ich bitte euch, mein Wesen, mein Sein in allem, was ihr tut, wahrzunehmen und meine grenzenlose Dankbarkeit sei euch gewiss. In freudiger Erwartung unserer gemeinsamen neuen Zeit,

Eure neue Erde

Freude

Gestalte dein Leben und richte es auf Freude aus. Verbinde dich mit der Natur und Mutter Erde. Die heilige Dreieinigkeit im Herzen vereint. Himmel – Erde – Mensch.

In Liebe, Vywamus

Einsamkeit ist etwas, was wir hier nicht kennen. Wir sind immer viele und wir haben immer zu tun. Wir sind hier und sind da und wir helfen und unterstützen, wo wir gerufen und gebraucht werden. Warum gibt es diese Einsamkeit auf eurer Ebene? Weil die Herzensliebe fehlt. Dies ist es, was euch in eurer Welt so sehr fehlt. Jeder ist auf seinen Vorteil bedacht und jeder schaut, dass sein kleines Umfeld in Ordnung gehalten wird. Die Herzen werden durch die Vereinsamung noch kälter. Nun ist es gerade so, dass ihr die Wohnungen nicht verlassen dürft. Die Einsamkeit und Kälte zieht über das Land. Die Hörigkeit hat oberste Priorität. Euch wird gesagt, was ihr zu tun habt, und ihr seid gefügig und folgt. Gestorben an gebrochenem Herzen, an der Einsamkeit. Das große Weltgeschehen kann nicht mehr aufgehalten werden. Die Lawine ist losgetreten und die Dinge überschlagen sich. Die Zahnräder greifen ineinander und die Mühle läuft, ob ihr wollt oder nicht. Die Menschheit reagiert wie vermutet und so wird immer weiter gedreht und eins fließt ins andere. STOPP ist das einzige Wort, das hier gesprochen werden muss. STOPP. Du sagst Stopp und gehst diesen Weg nicht mehr mit. Wieviel Demütigung und Kontrolle von oben braucht der Mensch? Ihr werdet zum Überleben gedrillt. Steht auf und geht in die neue Erde. Dort seid ihr sicher und behütet und die Zweisamkeit kann wieder gelebt werden. Die Herzensliebe wird sich ausbreiten und die Liebe wird alles heilen.

Egal, ob du spielst oder ob du Liebe bist, du kannst die Geschehnisse nicht beeinflussen. Du kannst nur schauen, dass du in dieser Sache Frieden und Harmonie verbreitest, nicht auf den Zug der

Angst aufspringst, sondern den Zug Richtung Freiheit nimmst. Bereitet euch vor. Stellt euch darauf ein. Die Veränderung wird eintreffen. Die alte Welt wird nicht mehr die gleiche sein wie zuvor und die neue Welt wird euch anfangs noch fremd sein. Gewöhnt euch ein und festigt euch. Nehmt eure Plätze ein und seid vorbereitet. Du spürst, dass etwas Großes auf dich zukommen wird. So wird es sein und du wirst deinen Platz einnehmen. Die Idee wird noch geboren, die Wirkung wird großartig sein.

Ja, manchmal bist du schon in der neuen Erde und manchmal noch nicht. Die neue Erde wird bedeuten, alles Geld, allen Besitz und dein Zuhause loszulassen. Auch deine Familie. Jeder Mensch entscheidet selbst, ob er in der alten Zeit bleibt oder ob er in die neue Erde geht. Dies ist die Spaltung der Menschheit in zwei Teile. Dies ist der Aufstieg des einen Teils. Ihr geht auf die Erde in ihrer Urschwingung und lasst das Spiel hinter euch. Alles wird da sein und für alles wird gesorgt sein. Allerdings, alles wird anders sein. Ihr seid das alte Spiel so sehr gewohnt, dass es eine Eingewöhnungsphase geben wird. Was zu tun ist, hier und jetzt für die Menschen, die in der alten Zeit gefangen sind, um diese noch wachzurütteln und zu bitten mitzukommen. Dies ist eure Aufgabe, ihr Lichtarbeiter. Wir sind so stolz auf euch, was ihr schon alles getan habt und immer noch tut. Und alles, was getan wird, ist sinnvoll. Manches zeigt mehr Wirkung, anderes weniger. Allerdings, wenn nur ein Mensch mehr mitkommt, mit euch aufzusteigen, ist schon so viel getan. Macht, was in eurer Macht steht, um Menschen in eurem Umfeld wachzurütteln. Die Anhaftungen gehören losgelassen. Das Leben in Frieden und mit Liebe ist das neue Leben auf der neuen Erde. Wie möchtet ihr diese nennen? Die neue Erde hat sich einen wunderschönen Namen ausgesucht: Naja Sorolah, was so viel heißt wie Meisterin der Legenden. Allerdings ist sie der Meinung, dass du sie nennen kannst, wie du gerne möchtest. Euer Leben wird nun komplett auf den Kopf gestellt und der Ausgang wird sehr schön sein.

Wir beginnen. Tanzen. Freude. Endlich. Tanzen. Lachen. Sein.
Frieden, Vollkommenheit, Selbstlosigkeit, Einheit.
Ein Leben im Sein, glücklich sein, wertvoll sein, unfrieden sein.
Erfüllt sein von Freude, Harmonie, Glück.

Ich bin Vywamus und ja, ich bin da. Besinne dich auf dich. Auf das, was hier und jetzt ist. Dein Besinnen auf das, was du bist ist, dein Freisein. Lass die Liebe fließen in dir und um dich herum. Hülle dich ein in Liebe und sei du. Du bist wunderbar, so wie du bist. Lass los, was nicht zu dir gehört. Atme tief und lass geschehen, lass das, was du nicht bist, wegfließen. Du bist beschützt. Fließe dich in die Liebe, die du bist. Du brauchst nichts zu planen. Es ist alles da.

Wie bringst du Fröhlichkeit in dein Leben? Du fragst dich vielleicht, warum du nicht fröhlich bist. Ich bin Vywamus und gerne möchte ich heute mit euch über die Gestaltung eures Alltages sprechen. Wir sind hier und wir unterstützen euch, soweit es geht. Hier dürft ihr gerne auch unsere Unterstützung anfordern. Bittet uns, euch zu unterstützen, und wir werden auch anleiten. Alles, was ihr tun müsst, ist, darauf zu horchen. Atmet, geht nach innen und werdet erst einmal ruhig. Macht euch frei von all den Lasten, die noch auf euch liegen, und atmet Frieden ein und Liebe aus und lasst diese Liebe in euch und um euch herum fließen. Merkt ihr, wie es ruhig wird um euch herum? In diesem Frieden ist es einfacher für euch wahrzunehmen. Wahrzunehmen die Stimme in euch, die euch anleiten kann. Kommuniziert mit euch, mit eurem höheren Selbst. Dem Selbst, das einen besseren Überblick über das Geschehen hat. Euer höheres Selbst weiß, was der nächste Schritt wäre, und ihr könnt euch einmal anhören, was es euch zu sagen hat. Danach kann immer noch abgewogen werden, von euch geprüft, mit den Gedanken zerlegt ;-) Nein, Spaß beiseite, es ist ein Vorschlag, der euch geschenkt wird, und jeder hat seinen freien Willen, diesem zu folgen oder eben nicht. Eurem höheren Selbst zu vertrauen, dieses wahrzunehmen und mit ihm zu kommunizieren, ist ein Schritt in Richtung Selbsterkenntnis. Euer höheres Selbst kennt die Zusammenhänge, erkennt die Situation als das, was es ist. Und wie ihr ja schon oft selber erfahren und erlebt habt, ist doch in mancher Situation, die erst schrecklich erscheint, vielleicht auch ein Vorteil für euch enthalten. Etwas, das euch in eurem Sein weiterbringt. Fröhlichkeit ist in eurem Sein. Euer Leben, eure Handlungen, das Außen, wie es sich euch gerade jetzt zeigt, scheint vielleicht trostlos und ohne Fröhlichkeit zu sein. Doch in diesem Frieden in euch ist diese Fröhlichkeit immer zu finden. Hier ist sie immer zu fühlen und für euch erreichbar. Diese Fröhlichkeit, in eurem Alltag gelebt, bringt viel Leichtigkeit. Sie ermöglicht euch, mit Leichtigkeit die Dinge zu tun, die zu tun sind. Vielleicht sind es auch die Dinge, die ihr meint, tun zu müssen. Wieviel ist wirklich notwendig von all den Dingen, die ihr meint, immer und immer wieder tun zu müssen? Wer ist bereit, sich anzusehen, was er täglich ohne Freude macht. Einfach nur im Glauben, diese Dinge tun zu müssen. Was würde passieren, wenn ihr diese freudlosen Dinge nicht mehr tun würdet? Dann würde eure Welt zusammenbrechen? Welche Welt? Eure Welt im Außen, eure Illusion. Diese stürzt ein? Ja, vielleicht, aber niemals euer Sein, eure Fröhlichkeit in euch. Diese bleibt bestehen, egal ob ihr diese freudlosen Dingt tut oder nicht. Ja, diese Fröhlichkeit in euch wird sogar stärker werden, wenn ihr diese freudlosen Dinge nicht mehr tut oder diese Dinge, die vermeintlich getan werden müssen, mit Freude tut. Es ist eine Chance für euch, euch einmal von all den Dingen, die euch so wichtig scheinen, zurückzunehmen. Euch selber herunterzufahren, kürzer zu treten, wie ihr sagen würdet, und in dieser Leere, in dieser Stille euch zu besinnen und wahrzunehmen, was macht mir Freude? Wo habe ich meine Fröhlichkeit verloren? Und diese Fröhlichkeit wiederzufinden und nach außen zu tragen, und wenn dann alles wieder losgeht, wenn ihr wieder nach außen gehen könnt, diese Fröhlichkeit immer im Fokus zu haben. Trennt euch von all dem, von dem ihr das Gefühl habt, es bedrückt euch. Es bringt euch keine Freude. Trennt euch von diesen freudlosen Dingen, von diesen Wichtigkeiten, die ihr nicht mehr braucht, und versucht euer Leben auf die Freude auszurichten. Lebt diese Fröhlichkeit anstatt der Lustlosigkeit und Dramatik. Versucht es. Falls euch, die Fröhlichkeit zu leben, keinen Spaß macht, könnt ihr immer wieder die Dramatik bevorzugen und wieder leben. Es wird auch immer wieder so sein, dass die Dramatik in euer Leben tritt und ihr dann diese wieder lebt und mitspielt in all den Wichtigkeiten. Dann besinne dich wieder, zu dem Zeitpunkt, der eben jetzt ist, besinne dich wieder auf die Fröhlichkeit. Atme tief ein und aus und fühle den Frieden in dir, die Fröhlichkeit, die immer in dir ist, und lebe diese und lass die Dramatik wieder los. Richte dein Leben immer wieder auf diese Fröhlichkeit aus und es wird dir immer besser gelingen, in die Dramatik des Lebens im Außen nicht einzusteigen. Die Wichtigkeiten werden sich auflösen und die Dramatik wird immer weniger präsent sein. Und so geschieht es, dass dein Leben immer fröhlicher und fröhlicher wird, voller Freude. Selbst die dramatischen Ereignisse im Außen beeinflussen nicht dein Fühlen der Freude in dir. Denn du weißt, im Grunde bist du Freude und nicht Leiden. Du bist Freude und es ist möglich, das Leben in Freude zu genießen. Dieses Leben wurde euch geschenkt. Jedem Einzelnen ein wundervolles Leben und Sein auf dieser Erde. Nehmt es in Achtsamkeit und Dankbarkeit an und vergeudet es nicht. Es ist ein Geschenk und diesem Geschenk darf gehuldigt werden. Vielleicht ist dem einen oder anderen jetzt etwas klarer, was es heißt zu leben. Es sollte kein Dahinvegetieren sein, dies ist nun nicht mehr vorgesehen. Da es aber so gerne gelebt wird, würden wir euch gerne da heraushelfen und euch dabei behilflich sein, die Freude wieder zu leben. Wir möchten euch zeigen, im Rahmen unserer Möglichkeit und mit den Worten, die uns zur Verfügung stehen, wie ihr, jeder Einzelne von euch, zu dem Frieden in euch und zu dem Frieden auf der ganzen Erde etwas beitragen könnt. Es muss keine freudlose Demonstration im Außen sein. Es braucht nur das freudvolle Leben jedes Einzelnen, das Leben, mit Freude gelebt, das Fröhlichkeit und Leichtigkeit verbreitet. Und wir sind hier, euch dabei zu unterstützen. Jeder

Einzelne von euch hat die Unterstützung, die er benötigt, um sein Leben auf Freude ausrichten zu können. Es beginnt mit dem Atmen. Atmet ein und aus und nehmt die Freude in euch wahr und tragt diese nach außen, womit gemeint ist: Lebt euer Leben mit Freude. Das ist alles, was jetzt zu tun ist. Und wenn jeder Mensch das machen würde, hättet ihr eine friedliche Welt voller Harmonie und Fröhlichkeit. Es ist einfach und doch scheint es für euch sehr schwierig zu sein. Daher bitten wir euch, immer wieder zu atmen und die Freude zu fühlen. Dieses Atmen und die Freude zu fühlen bringt euch in die Leichtigkeit und es bringt euch auch als Nebeneffekt Gesundheit und jugendliche Ausstrahlung.

In Liebe und Dankbarkeit, Vywamus.

Der Weg

Die Freude soll der Motor für das Erschaffen deines neuen Lebens, deiner neuen Lebensumstände sein. Freude im Tun, Freude im Sein, Freude mit deiner Umgebung. Lass all die alten Strukturen los und geh voller Vertrauen in die Freiheit deines Lebens. Lass die Schwere hinter dir. Du machst diese Erfahrung und wirst dadurch andere Menschen besser verstehen. Du wirst ihnen heraus helfen können aus deren Krise und ähnlichen Situationen, in denen du jetzt feststeckst … mit denen du in Lösung bist. Vertraue, wir sind da. Du kannst nichts falsch machen. Wir führen dich. Wo du Freude verspürst, da bist du richtig. Du bist richtig und nimmst dir, was du zum Leben brauchst. Wenn du mehr Geld brauchst, wird es neue Wege geben, dieses zu erhalten, auch durch deine Selbständigkeit, durch dein Wirken für diese Zeit, dadurch, dass du Menschen beistehst, die durch ähnliche Situationen durchgehen, und das ist JEDER Mensch hier auf Erden. Jeder muss diesen Weg durch dieses Nadelöhr gehen, in seine eigene Freiheit. In sein eigenes neues Leben. Ja, es ist so. Ein neuer Partner steht dir bereits zur Seite. Bald wird er in deinem Leben erscheinen und es wird anders sein als alles, was du in einer Beziehung bisher erfahren hast. Frei, lebendig, liebevoll und im Sein gelebt. Im gegenseitigen Vertrauen füreinander und ein Miteinander, auf Freude ausgerichtet. Ja, so ist es. Genieße dein Leben und steh den anderen bei. Sei ihnen eine Hilfe durch diese Zeit in die Freiheit. Das ist der Wandel, der Übergang. Sich aus den festgefahrenen Strukturen zu lösen und das Leben auf Freiheit auszurichten. Hin zu Freude, Glück und Harmonie. Deine Wünsche, dein Leben lang. Nun ist es soweit. Ein kleiner Schritt noch und du bist in dieser Freiheit, im Sein deines Lebens angelangt. Mach dir keine Sorgen wegen Geld. Geld ist immer da und war immer da. Und sollte es kein Geld mehr geben, wird wieder gesorgt sein, damit das Leben vieler in Freude gelebt werden kann. Triff deine Entscheidung. Geh in die Freude, das

Licht und lass alles hinter dir, was dich festhält und nicht frei sein lässt. Sei frei mit allem, was du bist. In allem, was du bist. Freisein, du fühlst es schon und du hältst es fast nicht mehr aus in der Schwere deines jetzigen Seins. Selbst hier kannst du die Liebe fühlen und es fühlt sich leichter an. Die Liebe ist der Schutz für alles, was du tust. Die Liebe schützt dich, die Freude leitet dich und Glück ist, was du lebst. Unterstützt euch gegenseitig, seid euch gegenseitig ein Licht in dieser Zeit. Ihr seid verteilt und doch zusammen. Ihr wirkt, jeder auf seine Weise und gemeinsam, als großes Ganzes wird noch etwas Wunderbares entstehen, wenn ihr es zulasst. Lasst zu, ein Licht zu sein für viele Menschen, die danach Ausschau halten.

Akzeptiere deinen Zustand und ändere ihn hin zu einem freudvollen Leben. Lebe frei, glücklich und zufrieden. Lass dich leiten von der Freude in dir. Die Freude in dir zeigt dir den Weg. Gehe ihn. Gehe den Weg der Freude. Schreibe das Buch. Schreibe die Sätze und trage diese in die Welt hinaus. Es geht in die Freiheit, ins Glück und die Liebe. Dort, wo diese gelebt werden, ist Licht. Der Wandel beginnt. Der Wandel ist da. Du bist mittendrin. Es ist der Beginn für andere. Du bist bald durch und somit eine Hilfe für viele andere, die diese Erfahrung erst später machen. Du gehst durch die Zeit ins Jetzt und hilfst den anderen auch durch, um in die zeitlose Zeit zu gelangen. Ohne Zeit ist Leben. Jeder Augenblick ist jetzt. Manch einer hat es schon früher gewusst, du weißt es schon fast und viele werden es noch wissen. Hier ist noch die Zeit und danach steht diese still. Wenn du durch das Nadelöhr gegangen bist, bist du in der zeitlosen Zeit des Lebens angelangt. Beschützt, frei und unendlich geliebt, wird die Freude dein ständiger Begleiter sein.

Du darfst sagen, was dir nicht gefällt. Du musst vor allen Dingen ändern, was dir nicht gefällt. Du kreierst dein Leben und du änderst deine Lebensumstände hin zu einem glücklichen, erfüllten Leben. Du bist der Erschaffer deiner Welt, deines Lebens. Du lässt zu, dass Freude in dein Leben einkehrt, oder du grenzt dich ab von dieser Freude. Lebe die Freude. Du bist die Freude selbst und die Liebe ist immer bei dir. Das ist der Frieden. Der Frieden, der einkehrt und den ich verkünde. Frieden in allem, was ihr tut. Friede hier auf Erden. Friede. Friede. Friede.

Viele „Hindernisse" führen euch auf den Weg, der vorgesehen ist. Also nehmt diese Hindernisse in Dankbarkeit an. Hindernisse sind dazu da, den Weg vorzubereiten, auf dem Weg in Richtung Licht voranzuschreiten. Stellt euch nicht gegen diese Hindernisse, gegen euer Leben, gegen euren Weg. Alles ist geführt und in Ordnung. Kämpft nicht dagegen an. Freut euch über diesen Stopp, diesen Hinweis, den euch das Hindernis gibt, und dankt dafür, dass ihr darauf hingewiesen werdet, einen Weg zu beschreiten, der Freude bereitet, der in den Frieden führt, der euch Liebe leben lässt. Eine kleine Korrektur wird durch kleine Hindernisse angezeigt und nehmt ihr diese in Freude an, löst sich das Hindernis auf. Wird gegen dieses Hindernis allerdings gekämpft, so wird das Hindernis wachsen und größer werden und immer unangenehmer für euch, um euch wachzurütteln und euch zu sagen: Hey, wach auf, eine Kurskorrektur deines Weges ist notwendig, um das Licht nicht aus den Augen zu verlieren, um bei deinen Wünschen anzukommen. Solltet ihr in eurem Leben so ein Hindernis bemerken, eine Situation, die euch unangenehm ist, schaut hinter das Geschehen. Schaut, ob ihr auf dem Weg des Friedens seid. Schaut euch um, womit ihr euch umgebt. Wo schneidet ihr euch selbst von eurer Freude ab? Wo braucht es Mut, um eine Situation zu verändern? Hier könnt ihr ansetzen und eine Veränderung herbeiführen und das Hindernis wird aus dem Weg geräumt sein. Ihr werdet fühlen, wo ihr ansetzen müsst. Atmet und werdet ruhig. Hört auf, euch gegen das Hindernis zu stellen, und nehmt es an, als Wegweiser, und ihr werdet den nächsten Schritt fühlen. Auch körperliche Schmerzen können euch als Wegweiser dienen. Warum schmerzt euch vielleicht eine Hand, die Schulter, das Knie? Könnte es ein Wegweiser sein, der eine Kurskorrektur anzeigt? Fragt euch, seit wann diese Schmerzen da sind. Fragt euch, wobei diese Schmerzen euch am meisten stören. Und es werden Hinweise sein, wo ein Umdenken erforderlich ist, womit ihr euch von eurem Glück abschneidet. Verändert euer Verhalten und die Schmerzen werden verschwinden. Verändert ihr euer Verhalten nicht, werden die Schmerzen mehr. Um eine Linderung der Schmerzen zu erwirken, könnt Ihr Liebe um diese Schmerzen kreisen lassen.

Setzt euch in Ruhe hin und atmet, atmet Frieden und Liebe und werdet ruhig. Atmet Frieden und Liebe und fühlt, wie euch Frieden und Liebe umkreisen, euren gesamten Körper umkreisen. Und nun lenkt ihr Frieden und Liebe zu eurem Schmerz und diese werden den Schmerz lindern bis auflösen. Vielleicht nehmt ihr den Grund des Schmerzes wahr und könnt so darauf reagieren und mit Mut euren Weg verändern. In der tiefen Ruhe und Entspannung, ausgerichtet auf Frieden, kommuniziert eure Seele mit euch. Ihr könnt Fragen stellen und ihr werdet die Antworten bekommen, die zu eurem höchsten Wohl dienen. Hört hin und nehmt diese wahr. Die Kommunikation mit der Seele ist immer von Freude begleitet und wird euch ein Lächeln auf euer Gesicht zaubern.

Neustart. Neubeginn. Zeitenwende. Ich bin Vywamus. Ich bin heute an deiner Seite, um dir einen Vorausblick zu geben. Dein Leben, das Leben allgemein. Du bist an der Schwelle angelangt. Du gehst in die neue Erde. Dein Sein und Wirken ist nun hier bei uns auf der anderen Seite. Und doch wirst du auch noch auf der alten Erde deinen Platz haben. Du wirst mit deinem Licht alles überstrahlen. Das Projekt, das in eurer Gruppe noch umgesetzt werden sollte - dein Licht und deine Vorausschau sind hier notwendig. Im gemeinsamen Wirken werden die richtigen Zeichen gesetzt werden. Gemeinsam werdet ihr Großes bewirken. Dein Leben wird sich verändern. Die Veränderung wird positiv für dich sein. Du darfst dir Gedanken machen, wie du dein Leben leben möchtest. Du darfst dir Gedanken machen, wo du leben möchtest. Wie dein Leben gestaltet sein soll. Du erschaffst dein Leben nun nicht mehr durch deine Handlungen, du erschaffst es durch deine Gedanken. Durch dein in Liebe Hinfühlen und durch freudvolles Gestalten, erst in deinen Gedanken, dann im Außen. Alles, was passiert, passiert zu deinem Besten. Fließe und stelle dich nicht gegen die Geschehnisse. Diese werden allesamt positiv für dich sein. Gestalte dein Leben durch deine Gedanken, allerdings ohne Wollen und Zwang. Im Fließen. Erträume dir ein Leben voller Glück, Liebe und Harmonie. Achte auf deine Ernährung und bewege dich ausreichend. Deine Liebe überstrahlt dein Leben. Deine Liebe wird der Maßstab der Ereignisse sein. Dein Leben gestalte aus dir heraus. Dein Leben sei dein Lieben. Es fühlt sich neu an für dich und doch ist es vertraut, da du viele Gleichgesinnte treffen wirst, hier in deinem neuen Zuhause.

Wir lieben dich. Vywamus

Freier Wille

Ich bin Vywamus und ich möchte euch heute etwas zu eurem freien Willen sagen. Der freie Wille existiert. Er ist dazu da, euch entwickeln zu lassen. Ihr könnt entscheiden, euer Leben zu leben. Ihr habt den freien Willen und niemand kann euch diesen nehmen. Wir möchten weiter ausschweifen, hin zu euren Leben vor dieser Zeit. Vor dieser Zeit, in einer Zeit, in der ihr in Harmonie und Frieden gelebt habt. Im Sein. Das Sein war eure einzige Ausrichtung. Nichts anderes war es, was ihr wolltet. Es gab keine Verurteilung, kein Besserwissen und keine Zwänge. Ihr wart. Ihr wart miteinander. Im Gefüge und in Frieden mit allen Lebewesen. In Frieden mit der Natur. Ihr wart viel im Wald und ihr hattet nichts gegen Arbeit. Die Felder mussten bestellt werden, die Ernte eingebracht. Nahrung wurde benötigt und Ihr habt mit Freude gekocht und in der Gemeinschaft gegessen. Jeder kannte jeden und jeder sorgte sich um jeden. Es war ein Leben voller Freude und Fröhlichkeit. Ihr hattet Spaß und es wurde viel gelacht. Ihr tolltet herum, so ungefähr wie in eurer Kindheit, wenn ihr ganz im Spielen mit euren Freunden aufgegangen seid, im Kreis herumgetanzt seid und gelacht habt. Nichts war wichtig. Nur das Sein in diesem Augenblick. Daher war Zeit kein Maßstab. Zeit existierte nur am Rande, sie war nicht wichtig. Zeit wurde erst viel später eingeführt, da diese zur Kontrolle benutzt werden kann. In dieser Zeit, vor vielen Jahren, war die Zeit also ohne Bedeutung für das Leben. Die Sonne ging auf, ein neuer Tag begann und jeder machte, was ihm Freude bereitete. Jeder hatte ein Lächeln. Für sich und für jeden anderen auch. Jeder half jedem und es gab keinen Machtkampf oder Konkurrenzdenken. Nicht, weil diese Menschen nicht intelligent waren, nein. Sie waren sogar sehr intelligent. Ihre Ausrichtung war Frieden und Liebe in ihren Herzen. Diese Gemeinschaft hat nicht auf eurem Planeten existiert und doch haben diese einige von euch bereits gelebt. Nun habt ihr die Möglichkeit, diese Gemeinschaft auf eurem Planeten zu leben. Es ist eine Möglichkeit. Es ist euer freier Wille, diese Möglichkeit in Betracht zu ziehen und zu erschaffen, oder eben etwas anderes. Fühle die Zeit, Sie engt ein. Sie hat keinen Platz in einer Gemeinschaft, die Frieden lebt. Mit eurem Fühlen des Friedens in euch erschafft ihr eine Welt des Friedens. Es ist der Beginn und es wird sich im Außen zeigen. Atmet und fühlt die Freude und den Spaß einer Gemeinschaft ohne Zeit und Geld. Fühlt die Gemeinschaft des Friedens. Wenn es euer Wunsch ist, Frieden auf eurem Planeten zu leben, dann ist der erste Schritt dazu, Frieden zu fühlen. Danach folgt Frieden zu leben. Danach folgt, Frieden zu sein. Ich bin Vywamus. Ich bin der Botschafter des Friedens und des Lichts. Folge deinem Herzen, und wenn es dein Wunsch ist, erschaffe diesen Frieden in deinem Umfeld. In deinem Leben. Mit dir, hier auf dieser wunderschönen Erde. Du kannst mitten im Krieg stehen und Frieden sein. Und das Feld, das du ausstrahlst, wird so viel stärker sein als das des Krieges. Licht besiegt immer die Dunkelheit. So ist es.

Du bist Licht

Viele gehen nun durch diese Dunkelheit hindurch in das Licht. Ins Licht zu gehen, ist verbunden mit der vollkommenen Hingabe an sich selbst. Das Leben zu leben, ohne irgendwo eine persönliche Note hinzuzugeben. Hinzunehmen, jede Situation, die ist. Ohne Bewertung. Alles zu leben, so wie es ist, in Liebe darauf zu reagieren ohne Unmut. Frieden zu sein. Liebe zu sein. Glück zu leben. Das Werten wird versuchen, dich einzufangen. Das Rechthaben wird versuchen, aufzubegehren, um seine Meinung sagen zu können. Sei Licht und falle nicht auf diese Fallen rein. Es sind diese Fallen, die dir begegnen, damit du dich als Licht erfahren kannst. Damit du dich erfahren kannst als das ,was du immer bist, Liebe. Damit du in Frieden bleibst mit dir und mit dem Umfeld, mit der Situation und nicht aus deiner Mitte fällst, aus deinem Sein in Licht. Es sind Prüfungen, die dich das Leben leben lassen, die du meistern darfst, um in die Meisterschaft zu gelangen. Prüfungen, die dich wachsen lassen, die dir zeigen, dass es möglich ist, anders zu handeln als gewohnt. Neue Wege zu gehen. Den Weg des Friedens mit dir selbst und mit allem, was ist. Du bist Licht.

Du bist Licht. Die Wahrheit ist, alles um dich ist Licht. Jede Dunkelheit ist im Kern Licht. Es gibt nichts anderes als Licht. Die Liebe wohnt in jedem Teil, der hier auf Erden ist, ansonsten wäre es nicht auf dieser Erde in diesem Universum. Hier existiert nur Liebe mit ihrem Gegenteil, um erfahren zu werden. Die Wahrheit ist einfach und doch so schwer zu begreifen, da ihr im Denken strukturiert.

Dein Leben im Außen ist eine Illusion. Dein Denken kreiert euch Teile eures Selbst. Ihr liebt dieses Spiel. Die Wahrheit ist, ihr seid nur Liebe und alles Außen ist nur Liebe, das sich auch als Gegenteil zeigt. Du bist der, der das Leben kreiert. Es gibt niemand anderen, der dein Leben kreieren kann, als du selber. Du bist der Schöpfer deines Lebens, der Geschehnisse in deinem Leben. Daher wähle weise, was du leben möchtest. Je mehr du die Liebe in dir fühlen kannst, desto liebevoller wird dir dein Leben erscheinen. Es ist nur Licht hier auf dieser Erde. Alles dient dem Licht und ist zum Wohle des Ganzen. Der freie Wille erlaubt, das Gegenteil von Licht zu erfahren. Der freie Wille erlaubt, zum reinen Licht zurückzukehren.

Alles, was du im Außen erlebst, ist eine Kreation deiner selbst. Es gibt viele verschiedene Möglichkeiten, das auszudrücken, und viele Menschen haben bereits versucht, hierzu Einblicke zu geben. Und wir wissen, es muss immer wieder gesagt und gefühlt werden, damit es in euer Bewusstsein übergeht und gelebt werden kann.

Also ist es so. Was möchtest du? Wie möchtest du leben? Möchtest du eine Beziehung leben? In Liebe und Freude und gegenseitigem Respekt? Dann lebe diese. Es ist immer möglich. Es braucht nur die Entscheidung dazu und die Umsetzung. Und dann lebt es. Ah, es hält euch so vieles zurück. Ja? Die Umstände sind gerade nicht geneigt, um eine Beziehung in Liebe zu leben? Dann verändere diese Umstände. Warum sollte euch Geld wichtiger sein, als eine Beziehung in Liebe zu leben? Warum sollte Besitz wichtiger sein, als eine Beziehung in Liebe zu leben? Warum sollte dein Aussehen wichtiger sein, als eine Beziehung in Liebe zu leben? Es ist eure Entscheidung, eure Kreation eures Lebens. Mut. Es braucht Mut, eine Veränderung in die Wege zu leiten und durchzuführen. Es braucht Mut, den Weg des Lichtes zu gehen. Licht ist immer, wo Freude ist, wo Frieden ist, wo Liebe ist. Mut. In jedem Märchen siegt der Mutige. Es gibt viele Geschichten, worin gezeigt wird, wie wichtig Mut ist, um eine Veränderung herbeizuführen. Seid mutig und schreitet voran. Geht Risiken ein. Wir begleiten euch, und sind eure Schritte auf Liebe ausgerichtet, sind wir immer dabei und unterstützen euch für einen positiven Ausgang. Für einen Ausgang, der zum Wohle aller ist. Für einen Ausgang, der eure Freude widerspiegelt. Ein Aus-Gang in ein Leben voller Glück. Eine Ent-Wicklung in Richtung Frieden. So sei es und so ist es immer gewesen.

Saint Germain spricht

Wir haben viele Leben gemeinsam gelebt. Nun bin ich hier, um aus dem Verborgenen dabei zu sein. Ich wusste bereits in meinen Erdenleben um die Geschehnisse, die auf die Erde zukommen werden in eurem Jetzt. Nun ist es soweit. Ich bin auf der anderen Seite und erwarte jeden Einzelnen von euch. Jeder, der sich der Liebe versprochen hat, ist willkommen. Du bist auf der Erdenseite und bereitest viele Menschen darauf vor, in die neue Erde zu gehen. Wir werden alle vereint sein, hier auf dieser wundervollen, lichtvollen Seite ist alles bereit. Strahlend, empfangend und vorbereitet für euch. Auch du wurdest vorbereitet, dein Leben hier auszurichten, um vielen Menschen den Weg in diese neue Erde zu zeigen. Du hast die Stärke und die Kraft, die dazu nötig ist, in dir. Ich hätte dir so vieles zu sagen, so vieles gehört besprochen. Das Buch gehört geschrieben. Nun, bist du bereit? Es hängt von dir ab. Alles hängt davon ab, ob du den Zeitpunkt auch wahrnehmen kannst. Alles ist gut. Die Dinge nehmen ihren Lauf. Das Nadelöhr, durch das jeder hindurch sollte, steht bereit. Manche können die lichte Seite, das lichte Ende des Nadelöhrs schon wahrnehmen. Unsere Leben waren verbunden. Wir haben vieles erlebt und gelernt. Wir sind gemeinsam gewachsen und haben das Wissen auf der Erde verbreitet. Ich habe mich dazu entschieden, auf der anderen Seite den Übergang mitzugestalten. Du bist auf der Erdenseite. So sind wir alle gut verteilt. Ein Teil hier auf meiner Seite und ein Teil auf der Erde. Auch dieser Teil ist wieder gut verteilt über die ganze Erde. Überall gibt es diese Menschen, die den Frieden schon in sich tragen und andere Menschen darauf aufmerksam machen, diesen in die Welt hinauszutragen. Ein großes Dankeschön an alle, die dazu bereit sind, die Menschheit darauf aufmerksam zu machen, dass es nun in Richtung Frieden, Harmonie und mit Liebe in die neue Erde geht. Im Netzwerk seid ihr verbunden und ihr alle werdet euch auf meiner Seite, der Seite der neuen Erde, wiedererkennen. So wie ihr auch uns, die wir hier warten und euch geistig unterstützen wiedererkennt. Es wird ein großes Fest der Freude sein, ein Heimkommen. Ein Erwachen. Wir haben vieles vorbereitet und jeder von euch kann hier seine Wünsche manifestieren. Wir lieben euch und sind euch so unendlich dankbar, dass ihr auf der Erdenseite helft so gut es geht. Wichtig ist, in euch selber den Frieden zu leben. Euch dessen bewusst zu sein, dass ihr mehr seid als das, wie es den Anschein hat, ihr seid mehr als euer Körper. Ihr seid auch Geist. Und ihr seid auch Seele. Alle Aspekte gehen mit in die neue Erde. Es wird das Ganzsein gefeiert und ihr könnt euch das wie ein großes Fest vorstellen, ohne Alkohol und laute Musik. Ein friedvolles Fest. Wir erwarten euch. Es gibt so vieles, das ihr auf eurer Seite noch nicht erkennen, noch nicht erfassen und begreifen könnt. Es wird der Tag kommen, wo es jedem ganz offensichtlich wird und das Wissen für jeden, der bereit dafür ist, da sein wird. Die große Weisheit. Im Fühlen werdet ihr erkennen, was ihr eigentlich schon immer wusstet. Es wird euch offenbart, wie Leben geht und was bis jetzt im Verborgenen geblieben ist, um nicht in falsche Hände zu geraten. Diese verborgenen Schätze werden nun zum Vorschein kommen und diese werden in den Händen vertrauensvoller, friedvoller Menschen sein, denn nur friedvolle Menschen werden dazu Zugang haben. Die Zeit ist so, wie sie ist. Es ist gut so, wie sie ist. Es darf so sein, wie sie ist. Jeder wird nun dazu aufgefordert sein, seine Schattenseiten aufzulösen. Die Schattenseiten werden nun jedem sichtbar gezeigt und es ist nicht mehr möglich wegzusehen, diese nicht wahrzunehmen. Jeder muss nun hinsehen. Jeder wird diese erkennen können. Nur wenige sind dazu in der Lage, diese auch aufzulösen. Unterstütze die Menschen darin, diese Schattenseiten, die erkannt wurden, als diese auch wahrnehmen zu können - als Schattenseiten ihrer selbst und hilf ihnen, diese zu erlösen. Zeige ihnen, wo sie hängen, und zeige ihnen den Weg heraus. Löse diese Schattenseiten nicht nur bei dir, nein, auch bei den anderen als Unterstützung mit deinem Zutun der Energie der Liebe, des Vertrauens und des Friedens. Schatten werden gehen und die

Welt wird lichter werden. Immer lichter und Licht sein. Das soll nicht falsch verstanden werden, denn Licht ist immer da. Es ist immer da und doch ist es für euch nicht immer erkennbar. Nun ist es an der Zeit, in jeder Situation das Licht zu erkennen. Das Licht wahrzunehmen. Und dieses Licht auszudehnen. Dieses Licht leuchten zu lassen. Wir sind hier, um euch dabei zu unterstützen. Wir sind hier, dabei zu sein. Dieses Licht wird alle Schatten vertreiben - bei so vielen Menschen, die bereit dazu sind, und es sind viele. Ich bin Saint Germain, ich bin dein Gefährte. Ich bin auf der anderen Seite, ich bin Licht. Ich bin selber gewandelt auf der Erde, ich weiß, welche Gefühle ihr habt und wie es euch geht. Ihr habt meine Unterstützung in allen Belangen, um Licht zu verbreiten. Rufe mich und ich werde dir den Weg weisen. Wir sind so unendlich stolz auf jeden Einzelnen von euch, der sich bereit erklärt, diesen Weg voranzugehen und diesen Weg aufzubereiten für all die anderen, die folgen werden.

In unendlicher Dankbarkeit und Liebe verabschiede ich mich für heute, euer Saint Germain.

Ankommen

Wir grüßen dich von Herz zu Herz. Wir erkennen deine Fortschritte und möchten dir unseren Dank aussprechen für alles, was du lernst und tust. Du siehst nun das Leben mit anderen Augen und bist dabei, deinen Herzensweg ausfindig zu machen. Wir geben dir unsere Unterstützung, wo immer wir nur können und du uns darum bittest. Geh diesen deinen Weg in Freude und genieße deine Erfahrungen und Erlebnisse. Wir sind in deinem Namen bei dir und übergeben nun das Wort an Vywamus. Seine Freude ist unendlich groß über deine Fortschritte und dein neues Sein.

Ja, du bist mit einem Fuß im neuen Sein und wirst in Kürze deinen Übertritt machen. Ich werde der Erste sein, der dich hier empfangen darf. Hier im Land der Liebe und Harmonie. Das Land der unendlichen Schönheit, Klarheit und Wahrheit. In erster Linie wird es sein, wie du es dir erdenkst und erbaust. Vielleicht ist es dein Wunsch, weiter zu lernen, dann wirst du das tun. Vielleicht ist es dein Wunsch, etwas Kreatives zu bauen, dann wirst du das tun. Vielleicht ist es dein Wunsch, nur zu ruhen und zu genießen. Alles ist gut und richtig und dient dem Sein in all seinen Seinsebenen bis hin zur Quelle, und wir werden, wenn auch du dazu bereit bist und es wünschst, gemeinsam diesen Weg gehen. All das, was dein Herz ersehnt, wird eintreten. Jetzt kannst du es dir nur vage vorstellen und wünschen, auf dieser Seinsebene, in der du noch bist. Doch bald ist es für dich Wirklichkeit. Geh auch hier in dieser Ebene deinen Weg des Herzens weiter. Bleib auf diesem Weg. Dein Körper wird dir zeigen, wenn du nicht auf deinem Weg bist. Fall nicht aus deiner Liebe, Harmonie, Freiheit heraus. Lebe dein Leben in Liebe und geh deine Schritte mit Bedacht. Spiele nicht mehr dein Leben und mach nur die Sachen, die dir auch Freude machen. Lebe deine Freude und behalte deine Energie. Finde einen Weg, diese Kraft auch in deine Arbeit mitzunehmen und umzusetzen. Dann ist ein weiterer großer Schritt getan. Lebe, liebe, lache. Deine Schönheit strahlt von innen. Gib dich nicht mit Äußerlichkeiten ab. Du bist schön. Jedes Wesen ist schön. Schönheit liegt im Wesen der Dinge. Bewerte nicht und sieh die Schönheit in allem Leben, das ist. Leben ist und wird immer sein. Leben ist Veränderung und wird immer in Bewegung sein. Bewege dich mit dem Leben, in Liebe und Verbundenheit mit Mutter Erde. Konzentriere dich nicht auf das, was in deinen Augen nicht richtig läuft. Konzentriere dich auf das Schöne, das dich erwartet. Die schönen Momente, die du herbeisehnst. Die Verschmelzung der Seelen und die Einheit allen Seins im Quell der Dinge.

Nun, an jeden Einzelnen von euch haben wir eine Bitte: Behalte deine Energie und gib sie nicht einfach ab. Lass dein Herz offen und verschließe es nicht. Niemand hat die Kraft und die Macht über dich. Du bist die Kraft. Du bist die Macht. Merkst du, wie du zurückkehrst in dein Selbst? Wir nehmen dir all das ab, was du heute angesammelt hast. Mach dich leicht und locker und geh in deine Selbstverantwortung. Jedem gegenüber. Übe weiter und stärke dich. Alles Wissen ist in dir angelegt. Alles ist da. Wir sind gekommen, auch dich dabei zu unterstützen. Fühle die Leichtigkeit und Freude, die wir dir gerade zukommen lassen. Vergib dir und jedem anderen Lebewesen. Liebe dich!

Ein Mensch, der liebt und die Liebe in sich fließen lässt, erreicht viele Menschen. Und das ist es, was jetzt zu tun ist. Die Liebe fließen zu lassen, damit sie alle Menschen erreicht. Damit auch sie geschützt sind und nicht ins Leiden fallen. Die Liebe ist die stärkste Kraft, sie ist stärker als alles, was auf euch zukommt. Du weißt es, seit du hier bist, schon bevor du da warst, und nun weißt du es, weil du es erfahren hast. Du fühlst es in dir. Du bist es. Meine Liebe, du bist es. Lass die Zweifel los. Du bist es.

Wichtige Zeitpunkte in euren Lebenszyklen hat es immer gegeben und wird es immer geben. Ich bin Vywamus und gerne gebe ich dir Auskunft. Jeder Lebenszyklus in jedem einzelnen Menschen wird gelebt und als etwas Besonderes empfunden. Globale Zyklen, die alle betreffen, sind Teil des großen Ganzen. Es hat immer und es wird immer wieder diese Ereignisse geben. Manchmal ist es den Menschen möglich, diese bewusst zu erleben und wahrzunehmen. Oft sind sie verschlossen und nur das Unterbewusstsein nimmt wahr, was für diesen Moment wichtig ist. Es existieren viele verschiedene Äonen und viele verschiedene Zeitalter. Jedes Zeitalter muss für sich gelebt werden. Die globale, äußere Erscheinung ist für alle gleich und jeder hat gewählt, in welchem Zeitalter er inkarnieren möchte. Es ist so, dass alles nicht nur zweifach oder dreifach, sondern mehrfachdimensional existiert und die verschiedenen Ebenen miteinander verbunden sind. Mental und geistig, nicht materiell. Die Zeitalter werden gespielt, ihr seid dabei. Was jeder Einzelne daraus macht und mitnimmt, wie er dieses erlebt, ist verschieden. Manche haben Angst, manche halten die Liebe aufrecht. Viele sind irgendwo dazwischen. Viele sind im Verstand, wenige sind im Herzen verankert. Diejenigen, die die Herzensenergie leben, sind auch diejenigen, die mit verschiedenen Ebenen kommunizieren können. Dies kann jederzeit und immer geschehen. Wichtige Tore öffnen sich nun, dadurch ist der Zugang zu neuen Informationen möglich. Das Licht wird heller, die Möglichkeiten weiter. Alle, die nicht die Angst leben, die wissen, dass es mehr gibt als nur das Materielle, als nur den Körper, all jene werden die Möglichkeiten nutzen, um ihr Leben durch Wissen zu bereichern. Jesus möchte dazu etwa sagen.

Sananda spricht

Geliebte Menschheit, die Energie, die ich damals verbreitet habe, ist hier. Diese wird nun verankert am 21.12.2020. Dies ist der Tag, wo sich die Tore zu öffnen beginnen und all jene durchtreten können, die dies wählen und reiner Absicht sind. Die Zeit schreitet voran, eine Zeit, die Illusion ist, und doch wird vieles über die Zeit erklärt und erscheint logisch. Der Verstand nimmt dankbar diese Illusion an und teilt ein und wertet. Dein Herz ist ohne Zeit, zeitlos. Dein Herz, deine Liebe ist der Weg heraus aus dieser Illusion der Zeit. Ich bin den Weg des Herzens gegangen, vor einiger Zeit, und nun darf diese Energie, meine Energie, die dieser Weg hinterlassen hat, wieder auf eurer Erde manifestiert werden. Meiner Energie und der aller aufgestiegenen Meister, Menschen, die diesen Weg vorausgegangen sind, wird es nun hier wieder möglich sein zu wirken und ihr Menschen dürft euch dieser Energie bewusst werden und diesen möglichen Weg, das Leben zu leben, auch leben. Nun wird es möglich sein, diese Energie fest zu verankern, und jedem wird es möglich sein, diesen Weg zu beschreiten. Es wird wie ein Wunder sein, ein Naturschauspiel und ehrfurchtsgebietend. Die Wiederankunft Jesu Christi. Jana Chlair, lebe diese Energie und gehe diesen Weg. Schreite voran und mach diesen Weg sichtbar für die Menschheit. Ich bin Sananda und gerne stehe ich allen bei, die diesen Weg beschreiten, voranschreiten, um Wegweiser für meinen Weg zu sein. Mir zu folgen. Hier, jetzt, nun in eurer Zeit den Weg des Herzens zu gehen. Mit mir. Du wirst diesen Weg in dir fühlen und du wirst ihn gehen. Nimm jeden mit, der mitgehen möchte. Du hast nun die Zeit, dich vorzubereiten, um dabei zu sein, um eine wichtige Rolle hier zu übernehmen, die Menschheit zu führen auf dem Weg ihres Herzens, in die Liebe ihres Seins. Jana Chlair, du hast dich bereit erklärt, diese Aufgabe zu übernehmen, und nun ist es an der Zeit, dich zu erinnern. Erinnere dich an das, was passieren wird. Erinnere dich an uns, an unsere Heimat, an deine Heimat. An unser Zusammensein in einer lichteren Welt. Ich bin nun bei dir und werde dich begleiten, mit dir vorausgehen, dir den Weg weisen. Vertraue auf dein Herz. Deine Liebe wird dich leiten. Dein Vertrauen wird dich stärken. Frieden ist dir bestimmt. Wir werden dir zeigen, was zu tun ist. Jesus Christus, Buddha, Krishnamurti und so viele mehr. Wir und alle anderen aufgestiegenen Meister, spirituelle Führer und Lichtwesen werden den Weg leiten und Menschen werden dem Weg folgen, unsere Energie vorausschreitend. Es gibt mehrere Propheten, da es ums Vertrauen geht. Du vertraust jemandem, den du kennst. Du hörst jemandem zu, den du kennst, dem du vertraust. Das Jüngste Gericht, so wurde es betitelt. Aber es geht nicht darum, zu richten und Menschen in die Verdammnis zu schicken. Jeder ist für sein Leben selber verantwortlich. Jeder hat die freie Wahl zu entscheiden, den Weg der Liebe zu gehen oder den Weg des materiellen Reichtums. Diejenigen, die den Weg der Liebe wählen, können in ein Leben in Frieden und Harmonie eintauchen. Diejenigen, die weiter ihr Leben auf Geld und Macht aufbauen möchten, können diesen Weg wählen. So werden die Menschen getrennt, nicht nach Familien, sondern nach der Intuition ihres Herzens. Es ist keine Strafe, es ist eine Belohnung für all jene, die bereit sind, ihr Leben auf dieser Ebene von Macht und Geld nicht mehr weiterzuleben. Eine Möglichkeit, auszusteigen und auf die nächste Stufe in Richtung Licht zu gehen. Dies ist auch nicht die letzte Möglichkeit, dies zu tun. Diese Möglichkeit wird immer wieder kommen. Und wir werden aus unseren Ebenen diese Möglichkeit immer unterstützen. Nie wird eine Seele verloren sein. Jeder darf heimkehren, wann er heimkehren will, die Richtung ändern, in Richtung Licht. Nun ist es eine Zeit, in der es vielen Menschen möglich ist, nicht nur Einzelnen. Vieles von dem, was gesagt wurde damals zu meinem Leben, wurde falsch aufgeschrieben und vieles wurde falsch übersetzt. Der Weg des Herzens ist das Maß der Dinge. Hiernach wird entschieden, und jeder Mensch entscheidet selber, welchen Weg er einschlägt. Niemals gibt es eine Strafe von außen. Die

Menschen leben nach ihrem eigenen Leben, das ihre Zukunft bestimmt. Für einige ist es an der Zeit, diese Ebene zu verlassen, weil sie ihnen nicht mehr entspricht. Weil sie die Sehnsucht in sich tragen aufzusteigen, und so wird es geschehen. Die Möglichkeit des Aufstieges wird gegeben. Die anderen dürfen bleiben und weiterspielen, bis auch sie irgendwann genug davon haben. Nun kannst du bei diesem Aufstieg dabei sein so wie jeder, der dies freiwillig und reinen Herzens wählt. Ich bin Sananda und ich freue mich, euch bald wiederzusehen, auf eurem Weg ins Licht. Die Auswahl triffst nicht du, nicht ich noch sonst jemand, jeder Einzelne wählt für sich selber. Keine Trauer ist notwendig für die, die hierbleiben und weiterspielen. Die Freude aller, im Leben der Liebe anzukommen, ist groß und eine eurer Aufgaben auf dieser neuen Ebene wird sein, den Menschen, die geblieben sind, beizustehen und zu helfen, sie zu unterstützen und ihnen den Weg zu zeigen, eine weitere Chance zu nutzen.

In tiefster Liebe und Verbundenheit, euer Sananda Jesus Christus.

Die Weiße Bruderschaft spricht

Wir sind hier, hier auf der anderen Seite im Licht und erwarten euch. Wir sind hier, um euch zu unterstützen und an eurer Seite zu sein, euch zu führen und anzuleiten, den Weg zu finden und zu gehen. Wir begrüßen euch von Herz zu Herz und empfangen euch mit unserer Energie des Lichtes. Das Leben beginnt nun neu und wird neu ausgerichtet und gestaltet, unter Mithilfe jedes Einzelnen von euch. Es wird großartig. Es ist ein Beginn. Vielleicht fühlt es sich an wie der Beginn einer neuen Liebesbeziehung. Ein Kribbeln im Bauch, Freude im Herzen und Liebe, die sich ausbreitet. Lasst es geschehen und genießt dieses Gefühl. Es bereitet euch vor und es reinigt euch von all der Schwere in eurem Sein. Fühlt, wie sich die Energie in eurem Körper anhebt und ihr leichter werdet. Leichter und froh. Freude ist nun fühlbar in euren Herzen und tiefer Frieden breitet sich aus. Dies ist das Fühlen der neuen Zeit. Die neue Erde wartet darauf, euch aufzunehmen, mit euch das Leben zu gestalten. Tretet ein. Ihr seid unendlich geliebt.

Ich liebe euch und danke euch für euer aufmerksames Zuhören und In-euch-fühlen. Ich bin da, wenn ihr ankommt in euch, in Frieden. Ich umarme euch voller Dankbarkeit und Liebe.
Vywamus

Andere Werke von Vywamus mit anderen Kanälen

Vywamus / McClure: Du hast die Wahl
ISBN 978-3--924161-15-6

Die Kunst des Channelns
ISBN 978-3-924161-28-6

Das Aha-Buch
ISBN 978-3–924161- 57-6

Die Erde ist in meiner Obhut
ISBN 978-3-924161-50-7

Vywamus / Tiller Ermutigungen
ISBN 978-3-89568-172-1

Die Kunst des Channelns, Teil 2
ISBN 978-3-89568-175-2

Die Kunst des Channelns, Teil 3
ISBN 978-3-89568-206-3

Die Göttliche Seele
Die Kunst des Channelns, Teil 4
ISBN 978-3-89568-244-5

De Vergessene Weisheit
Fenster in die Zukunft
ISBN 978-3-89568-192-9

Die Intergalaktische Friedensmission, Bd 1
ISBN 978-389568-222-3

Die Intergalaktische Friedensmission, Bd.2
ISBN 978-3-89568-229-2

erschienen im ch.falk-verlag